让孩子越玩越聪明的

366个

经典数学游戏

阿卡狄亚◎编著

知识出版社

图书在版编目（ＣＩＰ）数据

让孩子越玩越聪明的 366 个经典数学游戏 / 阿卡狄亚编著． —— 北京：知识出版社，2015.1

ISBN 978-7-5015-8378-2

Ⅰ．①让… Ⅱ．①阿… Ⅲ．①智力游戏—少儿读物

Ⅳ．① G898.2

中国版本图书馆 CIP 数据核字（2015）第 005236 号

让孩子越玩越聪明的 366 个经典数学游戏

出 版 人	姜钦云	
责任编辑	李易飏　万　卉	
封面设计	阿卡狄亚・王晶	
出版发行	知识出版社	
地　　址	北京市西城区阜成门北大街 17 号	
邮　　编	100037	
电　　话	010-88390659	
印　　刷	永清县晔盛亚胶印有限公司	
开　　本	710mm×1000mm　1/16	
印　　张	11	
字　　数	110 千字	
版　　次	2015 年 1 月第 1 版	
印　　次	2017年8月第2次印刷	
书　　号	ISBN 978-7-5015-8378-2	
定　　价	29.00 元	

目录

第一部分　技巧运算

第二部分　应用趣题

第三部分　巧填智解

第四部分　趣味几何

第五部分　玩转思维

第六部分　推理判断

第七部分　智力快车

第八部分　独特创意

第一部分　技巧运算

1.巧组100

请你把下面的数字用运算符号连成等于100的算式。

（1）4个9；（2）6个9；（3）5个1；（4）6个3；（5）5个5（两种组合方式）

100

2.灵活的4

请你用 +、-、×、÷ 和括号，把4个4组成从1到9之间的整数。

4

3.无处不在的37

下面是一组非常有趣的等式：

$37 \times 3 = 111$

$37 \times 6 = 222$

$37 \times 9 = 333$

$37 \times 12 = 444$

……

现在，请你用6个1、6个2、6个3……6个9分别组成一个算式，使每个算式都等于37。

12345
6789

4.奇妙的平方

任取一个三位数，算出它的平方。例如，123^2等于15129，其中只出现5个数字：1，2，3，5，9（平方上面的2字不包括在内）。你能不能取一个三位数，求其平方，并且让这个三位数及其平方值的六位数的数字是互不重复的，即1，2，3，……8，9这9个数字，每个数字既不重复又不遗漏？这种答案共有几种？

5.奇怪的三位数

小伟是一个数学爱好者，没事的时候就学数学。一天，他到好朋友小强家去做客，他给小强出了一道题：有一个奇怪的三位数，减去7后正好被7除尽；减去8后正好被8除尽；减去9后正好被9除尽。你猜猜这个三位数是多少？小强埋头想了很长时间，还是想不出答案。小朋友，你知道这个三位数是多少吗？

6.找规律

123456789 × 9 = 1111111101，现在，你能不用计算就在下面的括号中填入合适的两位数，使等式成立吗？

123456789 × (　) = 2222222202
123456789 × (　) = 3333333303
123456789 × (　) = 4444444404
123456789 × (　) = 5555555505
123456789 × (　) = 6666666606
123456789 × (　) = 7777777707
123456789 × (　) = 8888888808
123456789 × (　) = 9999999909

3333333303

7.吹灭的蜡烛

小辉每年过生日的时候，妈妈都会送他一个蛋糕，上面还插着等于他年龄数的蜡烛。这么多年过去了，他已经吹灭了231根蜡烛。那么，你知道小辉现在多大了吗？

8.算平均分

球球在经过9次测验后，平均得分是17分，如果要在第十次测验后，他10次的平均分是18分，那么他第十次测验应该得多少分呢？

9.小杰的秘密

一个星期天的下午，小浩和小杰一起去图书馆学习。没多久，小杰神秘地对小浩说："我能用你出生那年的数字做一个简单的运算，然后它一定能被9整除！不仅是你，其他任何人的出生年份我都能做到！"小浩半信半疑地说："我是1992年出生的，你来算算吧。"于是，小杰用1992这4个数字相加，得到"21"。再用小浩的出生年份"1992"减去"21"，得出的数是"1971"，果然可以被9整除。

小浩听后非常崇拜他，小朋友，你知道这是怎么回事吗？

3

10.吃羊的速度

一天，狼、熊和狮子在森林里的一棵大树下相遇了，它们为了显示各自的本领，开始炫耀起来。

狼说："如果有一只羊，我只要用6个小时就能把它吃完。"

熊哈哈大笑说："你用的时间太长了，我只需要3个小时就能把它吃完！"

狮子轻蔑地说："我比你们都快！我两个小时就能吃完一只羊！"

如果它们3个一起吃一只羊，需要多长时间呢？

11.心有所想

一天早上，爸爸对杰克说："你心里想一个数，把它减去1，再把结果乘以2，然后再加上你刚才心里想的数，只要你告诉我结果，我就能猜出你心里想的那个数是多少。"

小朋友，你知道爸爸猜数的方法吗？

12.原两位数

在一个两位数的右边放一个"6"，组成的三位数比原来的两位数大294。你知道原来的两位数是多少吗？

13.辨真假

在一次数学课上，老师对同学们说："大家每个人心中默想一个四位数，然后把这个数的第一位数字移动到末位数的后面，得到一个新的四位数。再把这个四位数与你刚才默想的数相加。例如：1234 + 2341 = 3575，按照这样的要求，只要大家告诉我结果，我就能猜到你们计算得对不对。"

甲报8612；乙报4322；丙报9867；丁报13859。

老师说，根据同学们报出的数，除了丙以外，其他人的都是错的。

小朋友，你知道老师是怎么判断出来的吗？

14.求余数

有一个数，比30小，它与2的差能被3整除。它与3的和能被4整除。它与1的和能被5整除。那么，这个数是多少呢？

15. 智谋将军

古时候，有一个非常聪明的大将军。一天，他召集手下所有的将领，说："你们中间无论是谁，从1～1024中任意选出一个整数，记在心里，我最多提10个问题，你们只要回答'是'或是'不是'。10个问题全部答完，我就会猜出你们心中想的那个数。"

话音刚落，一位副将从椅子上站了起来，他说自己已经选好了一个数。将军问道："你这个数大于512吗？"副将答道："不是。"将军又接连向副将提了9个问题，副将都一一如实做了回答。将军听后，最后说："你记的那个数是1。"现在，你知道将军是怎样巧妙地猜出来的吗？

16.找规律求结果

已知$1^3 + 2^3 = 9$，$(1 + 2)^2 = 9$；$1^3 + 2^3 + 3^3 = 36$，$(1 + 2 + 3)^2 = 36$……请仔细观察上面的算式，找出规律，并迅速算出下面算式的答案：

（1）$1^3 + 2^3 + 3^3 + \cdots\cdots + 10^3$

（2）$1^3 + 2^3 + 3^3 + \cdots\cdots + 20^3$

17.巧算平方

小婷是个聪明的孩子。最近，她在计算35的平方或75、95的平方时，用很短的时间就做出来了。原来，她掌握了窍门，凡是末位数是5的两位数的平方运算，就把十位数上的数字与比这大1的数相乘，后面一律写上25，肯定不会有错的。例如55^2，就用5乘6得30，后面再添上25，就是3025，这样自然快了。原来这样做是有根据的，小朋友，你知道其中的原理吗？

18.大数与小数

数学老师把两个数交给杰克，让他用减法计算，又把同样的两个数交给汉斯，让他用除法计算。结果杰克得出29；汉斯得出3，余数是1，大数不能被小数整除。那么，你知道这两个数各是多少吗？

19.粗心的学生

一个学生在求出5个自然数的平均数后，却不小心将这个平均数和5个数混在了一起，求出了这6个数的平均数。

那么，你能不能算出第二个平均数和正确的平均数的比值是多少呢？

20.确定时间

王老师开了一个辅导班，甲、乙、丙3名同学定期到辅导班学习，甲隔3天去一趟，乙隔4天去一趟，丙隔6天去一趟。他们3人在"五一"劳动节这天正好都到辅导班学习。那么，你能算出他们下一次一同到辅导班是几月几号吗？

21.比值

小李是个数学迷，闲暇之余经常研究数学。这天，他又碰到了一道题：比的前项缩小为之前的1/3，后项扩大为之前的3倍，那么它的比值会为之前的多少？他想了一下，很快就得出了结果。

小朋友，你知道答案了吗？

22. 算日期

李超是个数学爱好者。一天，他问好友小松："今天是星期三，那么，你知道200天后是星期几吗？"小松想了一下，马上就知道了正确答案。小朋友，你能算出来吗？

23. 猜硬币

小明和小英做猜数游戏，具体操作是这样的：小英拿出两个币值不同的硬币，一个币值是偶数（如2分），另一个币值是奇数（例如1分或5分），让小明看过之后，背着小明把这两个钱币捏在手里，一只手捏一个。然后小英对小明说，你猜哪一只手里捏着偶数的钱币。小明想了想说："这个很容易猜中。但是要有一个条件，就是要把右手中的币值数乘以3，把左手中的币值数乘以2，然后把这两个积相加。只要你告诉我相加的和是偶数还是奇数，我就能猜到你哪只手里的币值是奇数，哪只手里的币值是偶数。我可以断言，如果和是偶数，那么右手里捏的就是偶数的钱币，如果和是奇数，那么左手里捏的就是偶数的钱币。"

小明的结论是正确的吗？如果你认为是对的，请说明其中的奥秘。

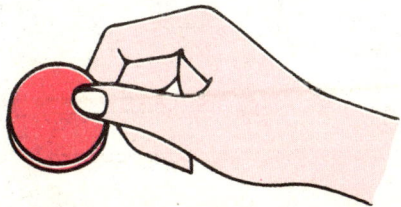

24. 游玩费用

吉姆与汉斯两人一起出门游玩，吉姆带的钱是汉斯的2倍，两个人进园各花去60元门票钱，吉姆的钱成了汉斯的3倍，你能根据上面提供的信息，算出他们出门前各带了多少钱吗？

25. 采购文具

期末考试结束后，学校综合评定每一位学生，决定给三好学生颁发奖品。负责采购的老师去文具店买奖品，售货员向老师推荐了铅笔、钢笔、橡皮和圆珠笔等物品。老师发现2支圆珠笔和1块橡皮是3元；4支钢笔和1块橡皮是2元；3支铅笔和1支钢笔再加上1块橡皮是1.4元。请问，如果老师各种文具都买一种，一共要花多少钱？

26. 聪明的孩子

爷爷退休后，每天教小孙子读书，小孙子虽然只有5岁，但是非常聪明，小小年纪就学到了很多东西。

有一天，祖孙二人到文化用品商店买了10支普通铅笔、12支带颜色的铅笔、8支画图铅笔和4支毛笔。当时，两人只听清楚普通铅笔的价格是每支8分，带颜色铅笔是每支1角2分，其余两种笔的售价没听清。当祖孙俩刚想问其余两种笔的价钱时，营业员已经将发票开好了，一共是4元5角。

爷爷正准备付钱，不料小孙子对营业员说，这笔钱的总数算错了，请他再算一遍。营业员又重新算了一遍，结果发现真的算错了。小朋友，你知道小孙子是怎么发现营业员算错的吗？

27. 小东的难题

小东在做除法运算时，把除数437看成了457，结果得到的商是432，余数是139。那么，正确的商和余数应该是多少呢？

28. 求两位数

一个两位数，如果把它的个位数字与十位数字互换，得出的两位数是原数的4.5倍。你能猜出这个两位数是多少吗？

29. 及格的人数

学生们参加数字竞赛，每个学生的得分都是整数。已知参赛学生所得的总分是4729分，并且前3名的分数分别是88分、85分、80分，最低分是30分，又知道没有与前3名得分相同的学生，其他任何一个分数，得到这个分数的都不超过3人。那么在这次竞赛中，至少有多少名学生的得分不低于60分呢？

30. 拆数字

要把45拆成4个数（即这4个数的和为45），要使甲数加上2，乙数减去2，丙数乘以2，丁数除以2的结果都相等，应该怎样拆呢?

31. 长跑速度

学校在下个月要举行运动会，小杨报名参加了男子1000米长跑比赛，在体育老师的帮助下，他的成绩有了显著的提高，跑完全程所用时间比原来缩短了1/5。你能算出他的速度提高了百分之几吗?

32. 99和100

在数字987654321之间添上几个加号，使得到的和等于99。在数字1234567之间，添上几个加号，使得到的和等于100。要求不改变数字的顺序，请你找出这两个问题的答案。

987654321
? =99

1234567
? =100

33. 数字魔术

元旦晚会上，同学们玩得非常尽兴。突然，班主任王老师微笑着走到讲台前说："我来为大家表演一个数字魔术吧!"说完，王老师拿出一叠纸条，发给坐在下面的每一位同学，并神秘地说："你们每人在纸条上写上任意4个自然数，不能重复，我保证能从你们写的4个数中找出两个数，使它们的差能被3整除。"

老师的话音一落，同学们就开始议论起来，很多同学都对此表示怀疑，不过还是按照老师说的去做。没过多久，同学们都把数字写好了，但是当同学们一个个念起自己写的4个数字时，奇迹出现了。同学们写的数都能让王老师找出两个数，使它们的差能被3整除。小朋友，你知道其中的秘密吗?

34.禅师的念珠

智慧禅师的胸前挂了一串念珠,共有100多颗。每当念经时,禅师将念珠3颗一数,正好数尽;5颗一数,余3颗;7颗一数,也余3颗。

你能算出禅师的这串念珠一共有多少颗吗?

35.书的页数

印刷厂的排版工人在排版时,一个数字要用一个铅字。例如15,就要用2个铅字;158,就要用3个铅字。现在知道一本书在排版时,光是排出所有的页数就用了6869个铅字,那么,你知道这本书的页数有多少吗?(封面、封底、扉页不算在内)

36.能被11整除的特征

假定需要判断一个多位数是否能被另一个数整除,要回答这个问题,在通常情况下,不应该运用直接相除的方法。首先应该把多位数整除性的特征弄清楚。

一个多位数能被11整除有这样的特征:如果一个多位数,它的个位、百位、万位……上的数字的和,与十位、千位、十万位……上的数字的和相等,或者这两个和的差能被11整除,那么这个多位数就能被11整除。反之,如果这两个和不相等,或者这两个和的差不能被11整除,那么这个多位数就不能被11整除。

例如,判别3528041是否能被11整除。

$S_1 = 3 + 2 + 0 + 1 = 6$

$S_2 = 5 + 8 + 4 = 17$

$S_2 - S_1 = 11$

$S_2 - S_1$能被11整除。根据法则,3528041一定能被11整除。

根据上面的原理,请你计算出下面这道题目的答案:

$[11（492 + x）]^2 = 37a10201$

37. 猜与算

周末的晚上，小敏的爸爸给了她5根火柴，并对她说："你把火柴分成两份，一份放在左手，一份放在右手。我能猜出来哪只手的火柴是单数。"

小敏把手背在身后，让爸爸猜。

爸爸说："把左手的火柴根数乘以2，右手的火柴根数乘以3。再把两个积加起来，告诉我是几？"

小敏答道："12。"

爸爸微笑着说："左手的火柴根数是单数，对不对？"

小敏高兴地说："猜对了，再试一次。"小敏把手里的火柴数重新分了一下。

爸爸说："这一回你把左手的火柴根数乘以3，右手的火柴根数乘以6。把两次的积加起来是几？"

小敏答："21。"

爸爸冲她一笑："那左手的火柴根数还是单数。"

小敏兴奋地喊道："又对了。爸爸，快告诉我，你是怎么猜的？"

爸爸自豪地说："我可不是猜出来的，而是算出来的。你先想一想，我再告诉你方法是什么。"

38. 巧算年龄

小丽天资聪慧，她掌握了一种方法，能很快算出别人的年龄和出生月份。

兵兵想考考她，问："你猜我现在多少岁？是几月出生的？"

小丽说："你把你的年龄乘以5，再加6，然后乘以20，再把出生月份加上，再减掉365，把最后的结果告诉我。"

兵兵按照她说的算了一会儿说："最后得1262。"

小丽听了说："你今年15岁，7月生的，对不对？"

兵兵连连点头："太神了！佩服！佩服！"又问："你用的是什么方法？能不能告诉我啊！"

小丽说："可以。你只要把被猜者所报告的数加上245，所得的四位数中千位和百位上的数字就是他的年龄，十位和个位的数字是出生月份。"

兵兵听了后赶紧去试验，果然非常准确。你知道其中的原理吗？

39.撕掉的页码

一本书有45个页码，其中有一张不小心被人撕掉了，余下的页码之和正好是1000，那么，被撕掉的两个页码分别是多少呢？

40.平均重量

桌子上放着4包糖，每次选出其中的3包，算出它们的平均重量，再加上另一包的重量，用这种方法算了4次，分别得到8.8千克、9.6千克、10.4千克、11.2千克这4种重量，那么这4包糖平均每包重多少千克呢？

41.分苹果

把一篮苹果平均分给6个人，还剩5个。现有一大筐苹果，其个数是第一篮苹果的4倍，如果把这一大筐苹果分给6个人，能余下几个苹果呢？

参考答案

1.巧组100

（1）$99 + \dfrac{9}{9}$

（2）$99 + \dfrac{99}{99}$

（3）$111 - 11$

（4）$\dfrac{333 - 33}{3}$

（5）$5 × 5 × 5 - 5 × 5$

（6）$(5 + 5 + 5 + 5) × 5$

2.灵活的4

$(4 + 4) ÷ (4 + 4) = 1$

$4 ÷ 4 + 4 ÷ 4 = 2$

$(4 + 4 + 4) ÷ 4 = 3$

$4 + 4 × (4 - 4) = 4$

$(4 + 4 × 4) ÷ 4 = 5$

$(4 + 4) ÷ 4 + 4 = 6$

$4 + 4 - 4 ÷ 4 = 7$

$[(4 + 4) × 4] ÷ 4 = 8$

$4 + 4 + 4 ÷ 4 = 9$

3.无处不在的37

组成的每个算式如下：

$111 ÷ (1 + 1 + 1) = 37$；

$222 ÷ (2 + 2 + 2) = 37$；

$333 ÷ (3 + 3 + 3) = 37$；

……

$999 ÷ (9 + 9 + 9) = 37$

4.奇妙的平方

这种答案只有两个：

$567^2 = 321489$

$854^2 = 729316$

5.奇怪的三位数

这个数是504。

刚看到这道题的时候，你也许觉得它

很难，但结合题意仔细想一想的话，就会发现，其实这是一道非常简单的乘法题。因为这个三位数既能被7整除，又能被8整除，又能被9整除，说明它同时是7、8、9的整倍数。所以$7 × 8 × 9 = 504$。

6.找规律

18；27；36；45；54；63；72；81。

7.吹灭的蜡烛

21岁。方法很简单，就是将从1开始以后的连续自然数相加，到210的时候，最后一个数字是21。

8.算平均分

前9次测验的总分为$17 × 9 = 153$分，10次测验的总分为$18 × 10 = 180$分，则最后一次得分为$180 - 153 = 27$分。

9.小杰的秘密

设出生年的4个数字分别是a、b、c、d，那么出生年可以用$1000a + 100b + 10c + d$表示出来，这4个数字之和表示为$a + b + c + d$，所以用$(1000a + 100b + 10c + d) - (a + b + c + d)$得$999a + 99b + 9c = 9 × (111a + 11b + c)$，当然一定能被9整除了。

10.吃羊的速度

狮子每小时吃1/2只羊，熊每小时吃1/3只，狼每小时吃1/6只，那么$1/2 + 1/3 + 1/6 = 1$，所以，它们共同吃这只羊，只需要1个小时。

11.心有所想

设默想的数为x，运算的结果为y。列出下列关系式：

$2(x - 1) + x = y$

$x = (y + 2)/3$

只要知道了运算结果y是多少，就可以根据上式算出你默想的数是多少。

12.原两位数

根据题意，组成的三位数比原来的两位数的10倍还大6，即比原来的两位数多9倍还大6，也就是说，294是原来两位数的9倍还大6，所以原来的两位数是：（294 - 6）÷（10 - 1）= 32。

13.辨真假

根据题目已知条件，我们只要把默想的数写成$1000a + 100b + 10c + d$，把第一个数字a移到数的最后，就成为$1000b + 100c + 10d + a$。这两个数的和就是$1000a + 100b + 10c + d + 1000b + 100c + 10d + a = 1001a + 1100b + 110c + 11d$。

这里，我们不难发现，在上面的和中，每一项都能被11整除。在甲、乙、丙、丁所报的数里，只有丙报的结果能被11整除。所以，丙报的结果是正确的。

14.求余数

29。将这个数计为x，已知其小于30，那x - 2小于28，x + 3小于33，x + 1小于31。然后，找出28以内被3整除的数，有3、6、9、12、……27，对应的x值为5、8、11、……29；33以内被4整除的数，有4、8、12、16、……32，对应的x值为1、5、9、……29；31以内被5整除的数，有5、10、15、……30，对应x值为4、9、14、……29。综合下，我们找到共同的x值即可。

15.智谋将军

对1024这个数一半一半地取，即取到第

10次时，就能够找到所需要的数。

16.找规律求结果

（1）$1^3 + 2^3 + 3^3 + \cdots\cdots + 10^3 = (1 + 2 + 3\cdots\cdots + 10)^2 = 55^2 = 3025$

（2）$1^3 + 2^3 + 3^3 + \cdots\cdots + 20^3 = (1 + 2 + 3\cdots\cdots + 20)^2 = 210^2 = 44100$

17.巧算平方

将末位数是5的两位数的十位上的数字设为x，这个数就是$10x + 5$，那么$(10x + 5)^2 = 100x^2 + 100x + 25 = 100x(x + 1) + 25$，这正是小婷巧算平方数的原理。

18.大数与小数

假设大数为a，小数为b，根据题意可得
$$\begin{cases} a = b + 29 \\ a + 1 = 3b \end{cases}$$

得出$a = 44$，$b = 15$。所以大数是44，小数是15。

19.粗心的学生

5个数的平均数就相当于5个相同数被5除后所得的商，加上1个相同数后，再求出它们的平均数，值是不变的。

可假设这5个数分别为x、（x+1）、（x+2）、（x+3）、（x+4）

原平均数 x + 2，第二个平均数也是x + 2，所以第二个平均数和正确平均数的比值是1。

20.确定时间

甲、乙、丙3个每隔3天、4天、6天去一趟，也就是分别4天、5天、7天去一趟，所以到下一次同去的天数应是4、5、7的最小公倍数，那么可以求得4、5、7的最小公倍数为140，140 ÷ 30得4余20。因为5月、7

月、8月都是31天，20 - 3 = 17，所以下一次同时到辅导班的月份是5 + 4 = 9，日子是17 + 1 = 18。

他们下一次一同到辅导班是9月18日。

21.比值

一个比的前项缩小为原来的1/3，如果后项不变，那么这个比的比值就缩小为原来的1/3；一个比的前项不变，如果它的后项扩大为原来的3倍，那么这个比的比值也一定要缩小为原来的1/3，这样它们的比值就缩小为原来的1/9。

22.算日期

一个星期是7天，200天中含有28周零4天。已知今天是星期三，那么28周后还是星期三，再往后4天，就是星期日。

23.猜硬币

小明的结论是对的。

假定偶数的钱币捏在右手里，而奇数的钱币捏在左手里，那么偶数乘以3依然是偶数，奇数乘以2同样是偶数，而两个偶数的和一定是偶数。在这种情况下，右手里捏的是偶数钱币。

假定奇数的钱币捏在右手里，偶数的钱币捏在左手里，那么奇数乘以3依然是奇数，而偶数乘以2必定是偶数。奇数与偶数的和一定是奇数。在这种情况下，右手里捏的就是奇数钱币。

24.游玩费用

设吉姆的钱为x，汉斯的钱为y。

则x = 2y

x - 60 = 3（y - 60）

通过解方程组可得 y = 120，x = 240。

所以吉姆带了240元，汉斯带了120元。

25.采购文具

可设铅笔每支x元，钢笔每支y元，圆珠笔每支z元，橡皮每块q元，我们再根据题意可以得到下列式子：

2z + q = 3（1）

4y + q = 2（2）

3x + y + q = 1.4（3）

我们把（1）× 1.5可以得到3z + 1.5q = 4.5

把（2）/2可得2y + 0.5q = 1

与（3）加起来就是3x + 3y + 3z + 3q = 6.9，再除以3可得：x + y + z + q = 2.3（元）

所以，如果每一种文具都买一种，需要花费2.3元。

26.聪明的孩子

这道题解答的关键是了解数的整除。普通铅笔与带颜色的铅笔的单价都是4的倍数，虽然祖孙俩没有听清画图铅笔与毛笔的单价，但是购买的支数却是4的倍数。因此，总价钱必定也是4的倍数。现在，发票上的价格是4元5角，很显然，它是不能被4除尽的。所以，小孙子一看就知道营业员把账算错了。

27.小东的难题

要求出正确的商和余数，就必须先求出被除数，可用商和除数相乘再加余数的方法求出被除数，再用它除以437，就能得出正确的答案：

（432 × 457 + 139）÷ 437 = 197563 ÷ 437 = 452……39

所以正确的商是452，余数是39。

28.求两位数

首先能确定的是这个两位数一定大于10。

再根据$23 × 4.5 = 103.5 > 100$，可以确定这个两位数一定小于23。

由于这个两位数的4.5倍仍是整数，可以肯定这个两位数一定是偶数。

交换数字后的两位数是原两位数的$\frac{9}{2}$倍，所以交换数字后的两位数一定是9的倍数。这样，原来的两位数也一定是9的倍数。

而小于23且是9的倍数的两位数只有18一个。由此可得所求的两位数是18。

29.及格的人数

根据题目已知条件可得，不及格的学生最多占去的分数是：

$(30 + 31 + 32 + \cdots\cdots 58 + 59) × 3 = 4005$（分）

除去不及格的及前3名学生的得分，还有 $4729 - 4005 - 88 - 85 - 80 = 471$（分）

再从这471分中依次去掉3个79分，3个78分，得$471 - 79 × 3 - 78 × 3 = 0$（分）

这说明得79分的有3人，得78分的有3人。再加上前3名学生，及格的人总共有9个，这就是说，至少9人不低于60分。

30.拆数字

设甲数为x，那么乙数、丙数、丁数就分别是$(x+2)+2$，$(x+2)/2$，$2(x+2)$，得：

$x + (x+2) + 2 + (x+2)/2 + 2(x+2) = 45$

求得$x = 8$。

则其他3个数分别为12，5，20。

31.长跑速度

我们可以这样分析，因为速度×时间=路程，1000米是固定不变的，所以速度和时间是成反比例的量，时间比原来缩短了，速度自然就提高了。训练后所用的时间应是原来时间的$(1 - 1/5) = 4/5$，那么速度就是原来速度的5/4。所以速度应该提高了：$5/4 - 1 = 1/4$。

32.99和100

$9 + 8 + 7 + 65 + 4 + 3 + 2 + 1 = 99$；

$9 + 8 + 7 + 6 + 5 + 43 + 21 = 99$；

$1 + 2 + 34 + 56 + 7 = 100$；

$1 + 23 + 4 + 5 + 67 = 100$。

33.数字魔术

因为任意一个自然数被3除，余数只能是0、1、2这3种可能。如果把自然数按被3除后的余数分类，只能分为3类，而王老师让同学们在纸条上写的却是4个数，那必有两个数的余数相同。余数相同的两个数相减（以大减小）所得的差，当然能被3整除。

34.禅师的念珠

设念珠总数为m，3颗一数为x次，5颗一数为y次，7颗一数为z次。

那么$m = 3x = 5y + 3 = 7z + 3$

$x = 5y/3 + 1$

$z = 5y/7$

能被3和7整除的最小数为21，所以推算出$y = 21$。由此可知$m = 5 × 21 + 3 = 108$（颗）。

35.书的页数

我们可以认真分析一下，页数可分为一位数、两位数、三位数……

一位数有9个，使用$1 × 9 = 9$个铅字；两位数有$(99 - 9)$个，使用$2 × 90 = 180$个铅字；三位数有$(999 - 90 - 9)$个，使用

3 × 900 = 2700个铅字。依此类推。

我们再判断一下这本书的页数用到了几位数。因为从1到999共需用铅字9 + 2 × 90 + 3 × 900 = 2889个，从1到9999共需用铅字9 + 2 × 90 + 3 × 900 + 4 × 9000 = 38889个，而2889<6869<38889，所以这本书的页数用到四位数。

排满三位数的页数共用了铅字2889个，排四位数使用的铅字应有6869 – 2889 = 3980（个），那么四位数的页数共有3980 ÷ 4 = 995（页）。因此，这本书共有999 + 995 = 1994（页）。

36.能被11整除的特征

很明显，等式的右边能被11整除，等式左边也能被11整除。

$a + 3 = 1 + 2 + 1 + 7$ 所以 $a = 8$；

$11（492 + x）= \sqrt{37810201}$

$11（492 + x）= 6149$

$x = 67$

37.猜与算

两只手里拿着5根火柴，肯定有一只手里的火柴是奇数，另一只手里的火柴是偶数。第一次猜的时候，先假设左手里的火柴是偶数，那么，偶数 × 偶数 = 偶数，右手里的火柴一定是奇数，而奇数 × 奇数 = 奇数。两次的积之和：偶数 + 奇数 = 奇数，而小敏的回答是偶数12，与假设不符。因而左手里的火柴不是偶数，而是奇数。

38.巧算年龄

小丽的计算方法是：（年龄 × 5 + 6）× 20 + 月份 – 365 = x，可变成5 × 20 × 年龄 + 6 × 20 + 月份 – 365 = x，也就是：100 × 年龄 + 月份 – 245 = x

从这个式子就可以看出，若245这一项没有的话，则前两项之和组成的3位或4位数，年龄在前两位上，月份在后两位上（或个位上）；所以把答案加245就等于把245这一项消除了，当然可以立即得到对方的年龄和月份了。

39.撕掉的页码

我们可以先求出1至45个页码的和是多少，看和1000相差多少，就可以得出被撕掉的页码之和。1至45个页码的和比1000多：（1 + 45）× 45 ÷ 2 – 1000 = 35。因为被撕掉的那张纸的两个页码应是相邻的两个自然数，因此，得到这两个页码应是17、18。

40.平均重量

由题目的已知条件可知，每包糖的重量在4次的计算中，3次各取了每包的1/3，1次取了一包的重量，也就是说，在这4次计算中，每包的重量都被计算了2次。因此，8.8 + 9.6 + 10.4 + 11.2的和相当于4包糖重量的2倍。那么，这4包糖平均每包的重量是：

（8.8 + 9.6 + 10.4 + 11.2）/2 × （1/4）= 40/2 × （1/4）= 5（千克）。

41.分苹果

一篮苹果平均分给6个人余5个，一大筐苹果的个数是小筐的4倍，分给6个人时，原来余的个数就扩大4倍是20，20个苹果再分到不够分时，余下的数就是所求的答案，也就是20 ÷ 6 = 3……2。

即把这一大筐苹果分给6个人时，还能余下2个苹果。

第二部分　应用趣题

42. 买饮料

27名运动员在参加完比赛后，口干舌燥，便去商店买饮料，商店里有一条规定，只要用3只空瓶子就可以换1瓶饮料。为了保证每个人都能喝一瓶，他们至少要买多少瓶饮料呢？

43. 狂奔的小狗

边防站里，甲、乙两个哨所之间相距15公里。一天，这两个哨所的巡逻小队接到上级的指示，同时从各自的哨所出发，相向行进。甲哨所巡逻小队的速度是每小时5.5公里，乙哨所巡逻小队的速度是每小时4.5公里。乙哨所的巡逻小队刚出发，他们带的一只狗便飞快地往甲哨所方向跑去。它遇到甲哨所巡逻队以后，马上转身往回跑。跑到乙哨所巡逻队面前后，又赶紧转身向甲哨所方向跑去……

就这样，这只狗以每小时20公里的速度，不断地在这两个巡逻队之间来回奔跑，直到这两队哨兵会合为止。这只狗一共跑了多少公里呢？

44. 猩猩背香蕉

有一只猩猩在一棵香蕉树上摘了100根香蕉，堆在了地上。猩猩的家离这堆香蕉有50米，它打算把这些香蕉背回家，每次最多能背50根。可是，猩猩的嘴巴很馋，每走1米就要吃1根香蕉。那么猩猩最多能背多少根香蕉回家呢？

45. 赛跑

甲、乙、丙3人参加百米赛跑，当甲、乙一起比赛的时候，甲跑到终点时，乙离终点还有10米。当乙和丙一起比赛的时候，乙跑到终点时，丙距离终点还有10米。

现在，甲和丙一起比赛，你知道当甲到达终点时，丙还差多少米才能到达终点吗？

46. 羊的数量

牧羊人赶着一群羊在草地上放牧，这时，一个过路人牵着一只肥羊从后面跟了上来。他对牧羊人说："我猜，你赶的这群羊大概有100只吧？"

牧羊人答道："如果这一群羊加上一倍，再加上原来这群羊的一半，又加上原来这群羊的四分之一，连你牵着的这只肥羊也算进去，才刚好凑够100只。"

小朋友，你知道这位牧羊人赶的这群羊到底有多少只吗？

47. 3人买鱼

甲、乙、丙3人合买1条鱼。甲要鱼头，乙要鱼尾，丙要鱼身。这条鱼的头重2斤，身重是头尾重的和，尾重是半头半身的和。鱼的标价是：鱼头5元1斤，鱼尾3元1斤，鱼身的单价是头尾的和。

那么，他们3人每人应该付多少钱呢？他们想来想去也想不出结果。这时，有一个老人从这里经过，当他知道了这一情况后，很快就帮他们算出了每人应付的钱数。你知道老人是怎么算的吗？

48. 聪明的小皇子

从前有个皇帝，他命令10个地方官府在一个月内收缴黄金1000两，铸成10两每块的金条。然后再分派使臣前往，将金条押运回宫。

10箱金条摆在了皇帝面前，每箱100块。皇帝已从密探口中得知，有一个地方官员投机取巧，在铸金条时，每块金条都不足秤，少了1钱。皇帝虽然知道是第七箱黄金有问题，但其他人并不知道。因此，他想借此机会考一考大臣们。

皇帝命人拿上来一杆秤，然后对众使臣说："在这10箱金条中，有一箱中的每块金条都缺1钱，眼睛是看不出大小的，手也感觉不出轻重，只有用秤称才能知晓。现在，有谁能称出是哪一箱的黄金不足，我将重重有赏。"

望着眼前的10箱黄金，大臣们一边议论一边摇头，他们想不出该怎样去称。就在这时，只有10岁的小皇子突然从门后跑了出来，说："我知道该怎么称。"

小朋友，你知道小皇子是怎样称出来的吗？

49.算速度

　　司机在汽车行驶的某一时刻，看到里程表上显示的数字是一个对称数，即"15951"（所谓对称数就是从左到右和从右到左读起来都是一样的数）。4个小时后，里程表上又出现了一个新的对称数。

　　你能算出这辆汽车的行驶速度吗？

50.10元钱

　　小刚步行去新华书店为大家选购科普读物，他身上只带了10块钱。由于事先不知道都有什么书，更不知道每本书的价格，所以，他的钱是这样准备的，共有4枚硬币、8张纸币。只要书的总价不超过10元，无论是几元几角几分，他都能用这些钱马上凑出来。

　　请你想一想，小刚带的是哪几种面值的硬币、哪几种面值的纸币呢？

51.吝啬鬼的金币

　　村子里有一个出了名的吝啬鬼，他攒了一些金币，每天都要拿出来数一遍，只有这样他才能安心。他数金币的方法有点特别：分别按2个一数、3个一数、4个一数、5个一数、6个一数，每次数完都会剩下1枚。最后，他再按7个一数，这次一个也不剩了。

　　小朋友，你知道吝啬鬼至少有多少个金币吗？

52.蚂蚁搬食物

　　一只蚂蚁外出寻找食物，突然，它发现了一堆米饭，它赶紧跑回洞里叫来了10个伙伴，可还是弄不完。每只蚂蚁跑回去各自找来10只蚂蚁，大家再搬，还是剩下很多。于是蚂蚁们又回去叫同伴，每只蚂蚁又叫来10个同伴，但仍然搬不完。蚂蚁们再一次回去，每只蚂蚁又叫来10个同伴。这一次，它们终于把这堆米饭搬完了。

　　小朋友，你知道搬这堆米饭的蚂蚁一共有多少只吗？

53. 粉笔头

王老师的桌子上有9支粉笔，当一支粉笔用到只剩下原来的1/3时，就很难写字了。但王老师有个好办法能解决这个难题，她等到有足量的粉笔头时，用一种特殊的方法，将它们接起来，做成1支新粉笔，就可以继续使用了。那么，如果王老师每天只用1支粉笔，那么9支粉笔王老师可以用几天呢？

54. 列车的长度

甲、乙两人在铁路轨道旁背向而行，速度都是每小时3.6公里。一列火车匀速地向甲迎面驶来。列车在甲身旁开过用了15秒，而后在乙身旁开过用了17秒。那么，这列火车的长度是多少呢？

55. 打野猪

有5个关系非常好的猎人，他们经常一起去打猎。一天，他们相约去打野猪，结束了一天的行程后，在晚上整理猎物时，发现A和B共打了14只野猪，B和C共打了20只野猪，C和D共打了18只野猪，D和E共打了12只野猪。而且，A和E打的野猪的数量一样多。然后，C把他的野猪和B、D的野猪放在一起平分为3份，各取其一。然后，其他的人也这么做。D同C、E联合，E同D、A联合，A同E、B联合，B同A、C联合。这样分下来，每个人获得的野猪的数量一样多，并且在分的过程中，没有出现把野猪分割成块的现象。

你能算出他们每个人各打了多少只野猪吗？

56. 客人与碗

一位老人正在洗碗，路人看见后问她为什么要用这么多碗？她答道："家里来了很多客人，他们每2人合用1只菜碗，每3人合用1只汤碗，每4人合用1只饭碗，共用了65只碗。"

你来算算，老人的家里一共来了多少客人呢？

57. 捉害虫比赛

两只青蛙正在比赛捉害虫，大青蛙比小青蛙捉得多。如果小青蛙把捉的虫子给大青蛙3只，那么大青蛙捉的就是小青蛙的3倍。如果大青蛙把捉的害虫给小青蛙15只，那么两只青蛙捉的害虫一样多。

小朋友，你能算出大小两只青蛙各捉了多少只害虫吗？

58. 运送粮食

粮站接到了上级下达的一个重要任务，要求从甲地调拨一批粮食运送到乙地，并且规定在第二天上午11点准时送到。

粮站接到任务后，马上准备好汽车，并仔细规划路线。从甲地到乙地，如果同一时间出发，汽车以30公里/小时的速度行驶，那么到达乙地是上午10点；如果用20公里/小时的速度行驶，那么到达乙地是中午12点。

请问，从甲地到乙地的距离是多少？假设出发时间不变，那么汽车应该用怎样的速度行驶才能保证在第二天上午11点准时到达乙地呢？

59. 面包和钱币

甲、乙、丙3个人一起吃面包，甲拿出5个面包，乙拿出了3个面包，丙没有面包，便从衣兜里拿出了8个钱币。他们把8个面包平均分成3份，每人吃1份，8个钱币应该由甲、乙两个人分。

在分钱币时，他们的意见发生了分歧，乙对甲说，"根据面包的多少，我应得3个钱币，你得到5个钱币。"甲不同意这样的分法，他说，"我应该得到7个钱币，你得到1个钱币。"

想一想，究竟怎样分才合理呢？

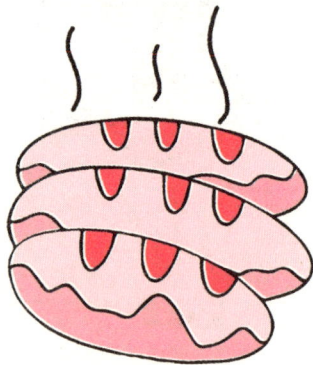

60. 多项运动

一个班里有学生50人，其中35人会游泳，38人会骑车，40人会溜冰，46人会打乒乓球。那么，这个班里至少有多少人会以上4项活动呢？

61. 狗的饮食

　　威廉养了两条狗，一胖一瘦。胖狗喜欢吃骨头，瘦狗喜欢吃肉。两条狗可以在60天的时间里吃光一桶骨头。如果让瘦狗单独吃，它要用30个星期才能全部吃完。两条狗可用8个星期吃掉一桶肉。但是，如果让胖狗单独吃，就是用40个星期也吃不完。假如瘦狗在有肉供应时只吃肉，而胖狗在有骨头供应时只吃骨头。那么，这两条狗一起吃半桶骨头和半桶肉需要用多长时间呢？

62. 小明读书

　　小明打算利用假期时间读一本书。一天，他上午读了一部分，这时，已读的页数与未读的页数的比是1：9，下午比上午多读了6页，这时已读的页数与未读页数的比变成了1：3。那么，这本书共有多少页呢？

63. 勤劳的蚊子

　　有两个自行车运动员在甲、乙两个城市之间的公路上骑车迎面而行，进行比赛。两个运动员之间的距离为300千米，比赛开始时，一只蚊子从第一个运动员的肩上滑过向前飞去，当它飞到与对面来的运动员相遇时，便马上返回又向第一个运动员飞去，而当它飞到与第一个运动员相遇时，再返回飞向第二个运动员。

　　蚊子不知疲倦地继续这样来回飞，一直飞到两个运动员相遇时为止。最后，它在一个运动员的鼻子上停了下来。蚊子在两个运动员之间来回飞行的速度是每小时100千米，运动员的速度是每小时50千米，请问，蚊子一共飞行了多少千米？

64. 烧煤

　　学校锅炉房买进了一批煤。第一天烧掉了总重的20%，还多出500千克，第二天烧去余下部分的20%，又多500千克，这时，总共剩下500千克。你知道这堆煤共有多少千克吗？

65.配药水

小强的实验室里有一瓶含药80%的药液，重20克，现在，要配成含药5%的药水，需要加入多少克清水呢？

66.提前的时间

邮局每天都会派一辆汽车去机场接运飞机带来的邮件。一次，飞机到达机场的时间要比原定的时间早，因为接运邮件的汽车还没有到，为了不耽误时间，只好把飞机带来的邮件用电瓶车送走。电瓶车离开飞机场走了半小时，就在途中遇到了派来的汽车，便把电瓶车上的邮件全部转移到了汽车上（装车的时间不计），然后立刻返回邮局。因为平时汽车是开到机场装上邮件后再返回邮局，而这次汽车只是在路上遇到电瓶车后就返回了，并没有到达机场，所以这次汽车到达邮局比平时提早了20分钟。那么，飞机到达机场比原定的时间早多少分钟呢？

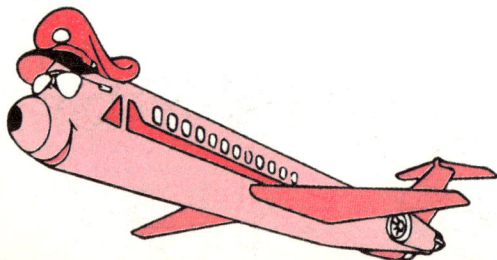

67.水中航行

一艘小船在流水中航行，第一次顺水航行20千米，又逆水航行3千米，一共用了4个小时；第二次顺水航行了17.6千米，又逆水航行了3.6千米，还是用了4个小时。请算一算船在静水中的速度以及水流速度。

68.路牌

小刚坐汽车去旅行，汽车在匀速行驶中，小刚看见窗外路牌从眼前晃过，牌上标着两位数。过了1小时，小刚又看见一块路牌，牌上同样标着两位数，只是跟第一次看见的两位数的位置换了一下。又过了1小时，小刚看见一块路牌上标着三位数，只是在第一次看见的两位数字中间添了一个0。小刚沉思了片刻后笑着说："我知道汽车行驶的速度了。"

小朋友，你知道汽车的行驶速度了吗？

69. 握手

参加会议的人见面时，都需要握手问好。现在，如果每个人都和其他人握一次手，一共需要握手136次。那么，你知道参加会议的总共有多少人吗？

70. 蜗牛爬墙

有一堵墙，高12米，一只蜗牛从墙脚往上爬，它白天往上爬3米，而晚上又会下降2米，那么，蜗牛爬到墙顶需要多少天呢？如果墙高20米，蜗牛爬到墙顶又需要多少天呢？

71. 相隔的时间

小刚乘坐25路公共汽车到博物馆去参观。在车上，他发现每隔1分半钟就有一辆25路公共汽车迎面开来。现在假设所有的25路公共汽车的速度都相等，那么，25路从博物馆起点站每隔几分钟就需要开出一辆呢？

72. 游泳训练

在一个长度为25米的游泳池里，甲、乙两名运动员匀速游泳，甲运动员的速度是2米/秒，乙运动员的速度是3米/秒。在完成1500米的训练时，两名运动员会有几次迎面相遇呢？

73. 返回港口

码头里停靠着4艘轮船，它们在同一天离开了港口。已知第一艘船每4个星期就会返回这个港口；第二艘船每8个星期就会返回这个港口；第三艘船每12个星期返回港口；第四艘船每经过16个星期返回港口。请问，这4艘船重新一起回到这个港口，最少需要多长时间呢？

74.谁的速度快

甲、乙两人各骑一辆摩托车，同时从同一个地点出发。两人行驶的路程一样，并在相同的时间回到了家里。

已知两人都在途中休息了一会儿。其中甲行驶的时间是乙休息时间的2倍，乙行驶的时间是甲休息时间的3倍。那么，哪辆摩托车的速度快呢？

75.铺方砖

装潢师傅用方砖为新房铺地面，每块砖的边长是0.5米的，需用768块，若改用每块边长为0.4米的方砖，需用多少块才能将新房的地面铺完呢？

76.节省木料

班里有一些桌椅坏了，老师请来了一位木匠。他找来一根长254.5厘米的木料来修理这些桌椅。如果每修一张桌子要用一段长为43厘米的木料，修一把椅子要用一段长为37厘米的木料，每截一段要损耗5毫米。

那么，为了最大程度地节省木料，木匠应该把这根木料锯成修桌子和椅子用的木料各多少根呢？

77.火车的长度

两列火车在平行的轨道上迎面行驶。第一列火车的速度是36千米／小时，第二列火车的速度是54千米／小时。一位乘客坐在第一列火车上，看到第二列火车从旁边经过，从开始到结束，走了5秒钟。那么，第二列火车有多长呢？

78.两棵树的距离

小明在院子里种了桃树、柏树、杏树各一棵，并呈三角形栽种。他量了一下，桃树与柏树之间的距离是6.87米，柏树与杏树之间的距离是0.75米，桃树与杏树之间的距离恰好是一个整数。你算出来这个整数是几米了吗？

79.共有多少步

小丽是小琳最要好的朋友，她很想知道她家与小琳家的距离是多少，于是她用步数去测量。她先用双步计数；走到一半时，她又改用3步计数。已知得到的双步计数比3步计数多250。那么，从小丽家到小琳家共有多少步呢？

80.衣服的价值

一个店主雇了一个工人。工人为他劳动一年，就可以得到12元的工资和1件衣服作为报酬。但是，这个工人只在这个商店劳动了7个月就离开了，他离开时要求把1件衣服拿去。因此店主根据原来商定的报酬，计算了一下，给了工人1件衣服和5元钱。

小朋友，你猜猜这件衣服值多少钱呢？

81.追轮船

一艘轮船从码头出发，向海洋航行，当它在距离海岸180海里的地方时，带有紧急邮件的水上飞机从轮船的出发点向轮船方向飞去。水上飞机的速度比轮船的速度快10倍，那么，在离岸多少海里的地方，水上飞机会追上轮船呢？

82. 重逢后的问题

老李和老王很多年都没见过面了，一个偶然的机会，两人又碰到了一起，老朋友相见，非常高兴。老李一连问了老王3个问题："你今年四十几了？""有几个孩子了？""你大概还在当数学老师吧，你所在的班级有多少个学生？"

老王笑了笑说："我们不是1966年8月份分别的吗？非常巧的是，你想知道的答案的3个数字的乘积正好是19668。"

老李想了很长时间，还是不知道结果。小朋友，你算出答案了吗？

83. 假钞

一个商人购进一件衣服，花了70元钱，后来加价12元售出。一个偶然的机会，他发现购买者支付的100元是张假钞，商人气愤极了。你知道商人在这次交易中损失了多少钱吗？

84. 李白买酒

唐朝著名诗人李白，据说有一次他"无事街上走，提壶去买酒。遇店加一倍，见花喝一斗。三遇店和花，喝光壶中酒"。

这首打油诗是一道计算题，意思是说李白壶中原来就有酒，每次遇到小店后，壶中的酒就会增加一倍；他又每次看到花，就饮酒作诗，每饮一次，就将壶中的酒喝去一斗（"斗"指古代酒器），这样经过了3次，最后把壶中的酒全部喝光了。

小朋友，你知道李白的酒壶中原来有多少酒吗？

85. 称钱币

有9枚钱币，外表看起来是一样的，但是，其中1枚是假的，而且假的这枚比其他8枚真的都要轻。现在，要求用天平只称2次，就把这个假钱币找出来。

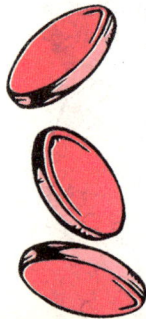

86. 牛吃草

科学家牛顿提出了一个数学问题："3头牛用两周的时间能吃完两亩地上原有的草和两周内所生长的草。两头牛在4周内能吃完两亩地上原有的草和4周内所生长的草。那么，要有多少头牛才能在6周内吃完6亩地上原有的草和6周所生长的草呢？"（假定在牛开吃草的时候，所有的草都一样高，而吃过以后，草的生长率也相等。）

87. 买邮票

小张要寄很多信。于是，他递给邮局卖邮票的工作人员一张1元的人民币，并且说道："我要一些2分的邮票和10倍数量的1分的邮票，剩下的全要5分的。"这位职员一听，一下子就糊涂了，他要怎样做才能满足小张的要求呢？

1分

邮票

88. 分牛

一个人有17头牛，他在病危之际，要把这17头牛分给他的3个儿子。他说："长子应分得一半，次子分得三分之一，幼子得九分之一。"后来他死了，但3个儿子不知道该怎样按照父亲的遗愿分这17头牛。他们就去请教邻居，聪明的邻居一下子就帮他们解决了问题。你知道邻居用的是什么方法吗？

89. 竞选

新的学期开始了，班里举行竞选，要选出一个班长，两个副班长。已知这个班共有49人，每个人只能投1票，可以投给自己，得票最多的前3名当选。现在有7位候选人，不允许弃权。那么，至少要获得多少票才能保证当选呢？

90. 分裂的小虫

有一种小虫非常有趣，它每隔2秒钟就会分裂1次。分裂后的2只新的小虫经过2秒钟后又会分裂。现在，桌子上有一只瓶子，如果开始时瓶子里只有一只小虫，那么2秒后会变成2只，再过2秒钟后就变成4只……2分钟后，瓶中的小虫正好被装满。

请问，如果在这个瓶子里放入2只这样的小虫，要经过多长时间，小虫正好是满满的一瓶呢？

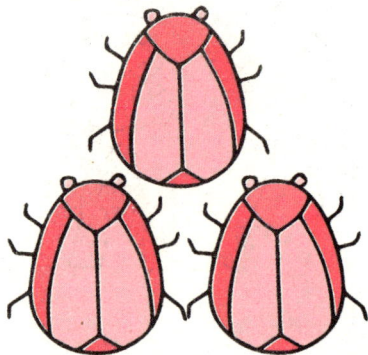

91. 各有多少人

在一次联谊会上，兄妹二人自我介绍，哥哥说，我的兄弟与姐妹的人数相等。妹妹说，我的兄弟的人数是姐妹的2倍。

你能根据兄妹二人说的话推算出兄弟和姐妹的人数各是多少吗？

92. 青蛙爬井

一只青蛙一不小心掉进了一口深18米的井里。于是，它下定决心从里面爬出去，每天白天向上爬6米，晚上向下滑3米。按照这个速度，青蛙要多少天才能爬出井口呢？

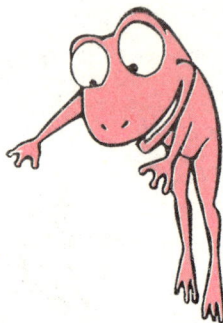

93. 接力赛

一次，一个连队搞武装越野接力赛。从甲地出发，一排先走了全程的四分之一，然后交给二排；二排接着走了全程的三分之一并少3公里，交给了三排；三排又走了全程的六分之一又3公里交给了四排；四排又向前走了全程的十二分之一又6公里正好到达乙地。那么，甲乙两地到底相距多少公里呢？每排各走了多少公里？

94.切纸牌

一副扑克牌厚2厘米，如果把一副扑克牌切成两等份，然后把它摞在一起；再切成两等份，再摞在一起；再切成两等份，继续这样切下去，一共切了52次，把得到的全部碎片摞起来，它的高度是多少呢？

95.危险的隧道

小明和小强的家住在山脚下，山上有一条隧道，隧道入口处的牌子上写道："行人严禁入内"。

一天，小明和小强在隧道口附近玩耍，由于好奇心的驱使，二人想冒险到隧道里去看看。当他俩走到隧道的四分之一的路程时，突然听到后面传来卡车准备进洞的喇叭声，这时他俩才发现，原来隧道里十分狭窄，仅能容纳一辆卡车通过。惊慌之下，小明立即以每百米12.5秒的速度向前奔跑；小强考虑到进来的路程短，于是马上返身以小明同样的速度向入口处奔跑，两个孩子先后都在最后关头跑出了隧道，脱离了危险。

现在，你能根据题目的已知条件，计算出卡车行驶的速度每秒最多多少米吗？

96.选驸马

传说古代有个叫留布沙的公主，她要求当选的驸马必须迅速算出这样一道题：有一篮子李子，从中取出一半零1个给第一个人；又取余下的一半零1个给第二个人；再取最后余下的一半零3个给第三个人，这时篮子里已经没有李子了。请说出篮子里原来有多少个李子？

97.两个探险者

有两个探险者，同时从A地出发，目的地是B地。甲每天走7公里；乙第一天走1公里，第二天走2公里，第三天走3公里，这以后每天多走1公里。请问，甲、乙二人从出发开始，经过多少天可相遇？

98. 篮球比赛

某市一所中学举办篮球比赛，共有9个队参加。现采用循环比赛制，并分配到9个学校的篮球场进行比赛。那么，平均每个学校会举行几场比赛呢？

99. 小刀的价值

两兄弟将自己养的一群羊拿到集市上去卖。假设羊的数量为n只，而每只羊所卖的价钱又为n元。羊卖完后，他们分钱的方法如下：先由哥哥从总数中拿去10元，再由弟弟拿去10元。如此轮流到最后，剩下的不足10元正好轮到了弟弟。为了达到平均分配的要求，哥哥又给了弟弟一把小刀，这样，兄弟二人得到的钱数就相等了。那么，这把小刀到底值多少钱呢？

100. 猜时间

小美的手表坏了，于是向姑姑询问时间。姑姑看看手表，没有直接回答她，只是说："如果你把中午到现在的时间的四分之一再加上从现在到明天中午的时间的一半，就正好是现在的时间。"小美听后，想了一会儿笑着说："姑姑，我知道现在是几点了。"小朋友，你知道答案了吗？

101. 3对夫妻

有3对夫妻一起去商场购物。男的分别是老赵、老钱、老张，女的分别是小王、小林、小李。他们每人只买一种商品，并且每人所买商品的件数正好等于那种商品的单价。现在知道每一位丈夫都比他的妻子多花63元，并且老赵所买的商品比小林多23件，老张所买的商品比小王多11件，那么，老赵、老张、老钱的爱人各是谁呢？

102.发新书

新学期的第一天，同学们一早就来到学校争着帮老师发新书。老师按照下面的方法依次分配给他们任务：

第一个同学拿10本，加上剩下书的1/10；
第二个同学拿20本，加上剩下书的1/10；
第三个同学拿30本，加上剩下书的1/10；
第四个同学拿40本，加上剩下书的1/10。
……

最后，所有的书刚好分完。而且让他们感到吃惊的是，老师分给每个同学的书一样多。现在，你能不能推算出老师那里一共有多少本书？帮助老师发书的同学有多少人？每个同学分配到的书又是多少呢？

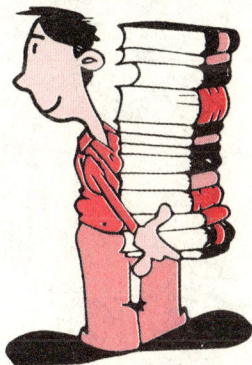

103.掷硬币

小明、小英和小强是非常要好的朋友。一天，他们约在一起做游戏，但是在进行这项游戏时需要确定做游戏的先后顺序。他们协商约定，将两个硬币同时向上抛出，落地后，如果两个都是正面朝上，则小明先做；如果两个都是反面朝上，则小英先做，两个一正一反，则小强先做。确定了第一以后（不妨设小强已确定为第一），再将一个硬币向上抛出，落地后，如果正面朝上，小明第二，小英第三；如果反面朝上，小英第二，小明第三。

小朋友，你认为他们用这样的办法来确定做游戏的先后顺序合理吗？每个人取得第一、第二和第三的机会是否均等呢？为什么？

104.兔子饲养员

实验室的兔笼子里有6只兔子，每只兔子身上都挂有号牌，分别为1、2、3、4、5、6。雌雄兔子是成对关在笼子里的。一天，由于饲养员的疏忽，这6只毛色相同、体形差不多的兔子的配对组合搞混了，这可怎么办呢？

幸好工作人员手头还有一份可参考的试验资料。资料上写着：青草40斤，1号吃掉1斤，2号吃掉2斤，3号吃掉了3斤，4号吃的草跟与它配对的兔子吃的草一样多，5号吃的草是与它配对的兔子吃掉的草的2倍，6号吃的草是与它配对的兔子吃掉的草的3倍，吃剩下的草平均分给6只兔子，恰好得到整斤数。

小朋友，你能根据上面这份资料的记载，将这些兔子恢复为原来的配对吗？

105. 比赛名次

小军、小强和小刚利用周末的时间举行了一次田径比赛。他们在赛前约定，每项比赛第一、二、三名的得分依次分别为5分、2分、1分，谁累计得分最多，谁就是胜利者。比赛一开始，小强获得了铅球第一名。但谁也不甘心落后，3个人都拼尽全力比赛，100米短跑、跳高……比赛在热烈的气氛中一项接着一项地进行下去。最后，小刚经过顽强的努力获得了胜利，累计得分22分，而小军和小强都各得9分。那么，谁获得了铅球第二名？谁又获得了第三名呢？

106. 师父和徒弟

小莉、小强、小刚和小红刚进入工厂工作，生产经验不足。领导就让老杜、老蔡、老赵和老梁每人各带一个徒弟，4个年轻人在师父们的指导下进步很快。有人向车间统计员打听这4位师父各自带的徒弟是谁。统计员并没有直接回答，只是说："今天这4对师徒共装配了44台马达。小莉装了2台，小强装了3台。小刚装了4台，小红装了5台。老杜与他的徒弟装得一样多，老蔡是他徒弟的2倍，老赵是他徒弟的3倍，老梁是他徒弟的4倍。"

你能不能根据统计员提供的信息推断一下这4位师父各自带的徒弟是谁呢？

107. 表没有停

小松做完作业，抬头看了看表，已经是晚上7点多了，他一点也没有感到疲倦，又认真钻研起老师今天出的一道数学思考题。题目确实很难，但他并没有放弃，经过反复分析、思索，最后终于将这道题解了出来。放下笔，小松又习惯地抬起头看了一下表，他愣住了："奇怪，表怎么停了？"小松揉了揉眼睛仔细一瞧，这才发现是自己看错了。原来在这一个多小时里，表的时针和分针的位置恰巧对调了一下。刚才没看仔细，还以为是表停了呢！

小朋友，你能根据上面介绍的情况告诉我们小松解这道题究竟花了多少时间吗？他是从什么时候开始做的，又是到什么时候做完的呢？

108. 技术革新

某化工厂的生产车间，经过4次技术革新，操作过程所用的时间一次比一次短。如果把第一、第二、第三、第四次革新缩短的操作时间相加，正好等于17小时；如果相乘，其乘积恰好是第二次革新缩短操作时间的40倍；我们还知道每次革新缩短的时间一次比一次多，而且都是整数（单位是小时）；第四次革新缩短的时间小于前3次革新缩短的时间的和。那么，每次革新缩短的时间是多少呢？

109. 淘汰赛

某中学举行一次乒乓球比赛，一共有56人报名。如果采用淘汰赛，一共要进行多少场比赛呢？

110. 节约用料

服装厂的工人为了节约棉布，想出几种方案使剪下的余料最少：

（1）现有一段布，长80尺，已知做一件上衣需用布7尺，做一条长裤需用布6尺。那么，剪几件上衣、几条长裤能使余料最少？

（2）另有一段布，长85尺，如做一件上衣需要用布5尺，做一条长裤需用布6尺。那么，上衣和长裤各裁几件，可使余料最少？

（3）再有一块长60尺的花布，做一件衬衫需用布5尺3寸，做一条裙子需用布3尺6寸。那么，衬衫和裙子各做多少件，可使余料最少？

111. 卖炊具

老李在集市上摆摊卖炊具，炊具有平底锅、盘子和勺子。平底锅每个30元，盘子每个2元，勺子每个0.5元。一小时后，他共卖掉100件东西，赚到了200元。已知每种商品至少卖掉了2件，那么，老李每种商品各卖掉了多少件呢？

112. 抽签

　　图书馆需要一名学生会的同学担任管理员。小王、小李、小赵都想去。由于无法确定最终人选，只能用抽签的办法来决定。抽签前，3人又争着要先抽，因为他们认为第一个抽签的人，抽中的可能性会大一些。小朋友，你认为他们的想法对吗？

113. 观众数量

　　有个电影院在上映新片，其中有120个座位坐了观众，而全部入场费刚好为120元。剧院的入场费收取原则是：男子每人5元，女子每人2元，小孩子每人1角。你可以算出男、女、小孩各有多少吗？

114. 刁藩都的年龄

　　古希腊著名的数学家刁藩都的生平历史，几乎没有记载，后人仅从其很特别的墓志铭中略微知道一些信息。下面的资料可以告诉您，他究竟活了多少岁。

　　他生平的六分之一是幸福的童年。

　　再活了生命的十二分之一，长起了细细的胡须。

　　刁藩都结了婚，可是还不曾有孩子，这样度过了一生的七分之一。

　　再过5年，他得了头胎儿子，生活感到十分幸福。

　　可是，命运给这孩子在这世界上的生命只有他父亲的一半。

　　自从儿子死后，他在痛苦中活了4年，也离开了这个世界。

　　小朋友，通过上面的信息，你能算出刁藩都活了多少岁吗？

参考答案

42.买饮料

他们至少要买18瓶饮料。

他们买了18瓶饮料，喝完后，用这18只空瓶子可以再换6瓶饮料，这样就有24个人能喝到饮料了。这6瓶喝完后，又可以换到2瓶饮料。这2瓶喝完后，再向商店换1瓶，这一瓶喝完后还给商店即可。这样，27个人都能喝到饮料了。

43.狂奔的小狗

这个问题并没有想象中那么复杂。因为狗从两巡逻队出发到会合，不停地以每小时20公里的速度来回奔跑着，所以狗奔跑的时间就是两队哨兵从出发到会合所花费的时间。这段时间等于15÷（5.5+4.5），即1.5小时，所以狗来回共奔跑了20×1.5公里，也就是30公里。

44.猩猩背香蕉

最多能背25根。

先背50根到25米处，根据题意："每走1米要吃1根香蕉"，可知这时吃了25根香蕉，还剩25根。把这些香蕉放下，回过头来再去背剩下的50根，走到25米处时，又吃了25根，还有25根。再把地上的25根拿起来，总共50根，继续向家走完剩下的25米，这段距离又吃25根，结果到家后还剩25根。

45.赛跑

由题意可知，乙的速度是甲的速度的90%，丙的速度是乙的速度的90%，所以丙的速度是甲的速度的81%。所以，当甲到达终点的时候，丙跑了81米，还差19米到达终点。

46.羊的数量

设这群羊共有x只，根据题意可得：

$$x + x + \frac{1}{2}x + \frac{1}{4}x + 1 = 100$$

解得x = 36

即牧羊人赶的这群羊共有36只。

47.3人买鱼

设鱼身重为x斤，已知身重 = 头重 + 尾重，所以 $2 + \left(\frac{2}{2} + \frac{x}{2}\right) = x$，解得x = 6。尾重为半头半身重，即 $\frac{2}{2} + \frac{6}{2} = 1 + 3 = 4$。所以，甲付 5×2 = 10（元），乙付 3×4 = 12（元），丙付（5+3）×6 = 48（元）。

48.聪明的小皇子

小皇子从第一个使臣的箱子里拿出1块金条，从第二个使臣的箱子里拿出2块，第三个拿3块……第十个拿10块，然后把这总共55块金条都放在秤上一称：549两3钱，少了7钱，这也就是说第七个箱子里的黄金不足。

49.算速度

根据题意可知，新的对称数显然只能是16x61，且x只能取0和1。因为当x取大于1（例如2）的数时，汽车的速度为（16261 - 15951）÷4 = 77.5（公里/小时）。汽车虽然能达到这个速度，但在普通公路上行驶时，为安全起见，是不允许开这么快的。那么：

当x取0，（16061 - 15951）÷4 = 27.5（公里/小时）；

当x取1，（16161 - 15951）÷4 = 52.5（公里/小时）。

50.10元钱

小刚带的硬币是：一个1分，一个5分，两个2分。

纸币是：两张1角，一张2角，一张5角，两张1元，一张2元，一张5元。

51.吝啬鬼的金币

2、3、4、5、6的最小公倍数是60，所以必须找一个比60的倍数大1的数，而且这个数也要是7的倍数，也就是60n + 1。因为60n + 1 = 56n + 4n + 1，其中56n一定能被7整除，所以只要4n + 1能被7整除就可以了，由此我们很容易得出这个最小的n为5，所以金币数为60 × 5 + 1 = 301枚。

52.蚂蚁搬食物

第一次搬救兵：1 + 10 = 11

第二次搬救兵：11 + 11 × 10 = 11 × 11 = 121

第三次搬救兵：……

一共搬了4次兵，因此，蚂蚁的总数为：11 × 11 × 11 × 11 = 14641（只）。

53.粉笔头

王老师每天只用1根粉笔，共有9根粉笔，所以可以用9天。

每3根剩下三分之一的粉笔可以连接成1根粉笔，所以9根三分之一的粉笔可以做成3根粉笔，又可以用3天。

3天之后又剩下3根三分之一的粉笔，可以连接成1根粉笔。再用1天。

所以9 + 3 + 1 = 13，一共可以用13天。

54.列车的长度

列车长255米。甲、乙两人的速度均为3.6公里每小时，换算下，应为一米每秒。列车与甲属于背向而行，从遇到那一刻开始，二者总共走了一个列车的长度，速度应相加；与乙属于同向而行，从遇到那一刻开始，二者总共走了一个列车的长度，速度应相减。

假设火车的速度为x米每秒，那么可得15（x + 1）= 17（x - 1），得出x = 16，那么，列车的长度就是17 × 15 = 255米。

55.打野猪

A打到8只野猪，B打到6只野猪，C打到14只野猪，D打到4只野猪，E打到8只野猪。

根据前半部分条件，可计算出：A + B + C + D = 32；E + B + C + D = 32。

根据后半部分条件，将平分过程合并，可得出：3A + 3B + 3C + 3D + 3E可以被5整除，即A + B + C + D + E可以被5整除。

综合以上，又知A = E，则得出32 + A可以被5整除，则A可以为8、13、18……，即A = 8 + 5n，其中n为整数。

假设A = 13，则B + C + D = 19，又根据题意得知，B + C = 20，显然A必然小于13，只能为8。别的数值就很容易求出。

56.客人与碗

设客人为x个，则菜碗、汤碗、饭碗分别为$\frac{x}{2}$、$\frac{x}{3}$、$\frac{x}{4}$只，根据题意可得：

$$\frac{x}{2} + \frac{x}{3} + \frac{x}{4} = 65$$

解得x = 60

即有60个客人。

57.捉害虫比赛

小青蛙捉了21只害虫，大青蛙捉了51只害虫。

大青蛙比小青蛙多捉15 + 15 = 30（只）。如果小青蛙把捉的害虫给大青蛙3只，则大青蛙比小青蛙多30 + 3 × 2 = 36（只），这时大青蛙捉的害虫是小青蛙的3倍，所以一倍就是（30 + 3 × 2）÷（3 - 1）= 18（只），小青蛙捉害虫18 + 3

= 21（只），大青蛙捉害虫21 + 15 × 2 = 51（只）。

58.运送粮食

当汽车的速度为30公里 / 小时时，行驶1公里需要2分钟。当汽车的速度为20公里 / 小时时，行驶1公里需要3分钟。也就是说，汽车用20公里 / 小时的速度行驶，比用30公里 / 小时的速度行驶，每公里要多用1分钟的时间。从甲地至乙地，20公里 / 小时行驶的汽车比30公里 / 小时行驶的汽车，花去的时间要多120分钟。因此甲、乙两地的距离就是120公里。汽车以30公里 / 小时的速度行驶就需要4小时的时间。为了能第二天11点准时到达乙地（出发时间不变），汽车在整个路程中行驶的时间是5小时，行驶速度是24公里/小时（120/5 = 24）。

59.面包和钱币

甲的分法是合理的，因为3个人各吃相同的一份面包，很明显，每份应该得到 $\frac{8}{3}$ 个面包。因为甲拿出 $\frac{15}{3}$ 个面包，自己吃去 $\frac{8}{3}$ 个，给了丙 $\frac{7}{3}$ 个，乙拿出3个面包，自己吃去 $\frac{8}{3}$ 个，给了丙 $\frac{1}{3}$ 个。因为甲、乙两人给丙的面包个数之比为7：1，所以钱币应该按7：1分摊。因此，甲得7个钱币，乙得1个钱币。

60.多项运动

至少有9人。

这个班不会游泳的有50 - 35 = 15（人）；不会骑车的有50 - 38 = 12（人）；不会溜冰的有50 - 40 = 10（人）；不会打乒乓球的有50 - 46 = 4（人）。所以一个项目不会的人最多是15 + 12 + 10 + 4 = 41（人）。因此，4项运动都会的人至少有50 - 41 = 9（人）。

61.狗的饮食

胖狗单独吃一桶骨头要用的天数：1/ ($\frac{1}{60}$ - $\frac{1}{210}$) = 84（天）。瘦狗单独吃一桶肉要用的天数：1/ ($\frac{1}{56}$ - $\frac{1}{280}$ 天) = 70（天）。

那么，吃半桶的时间则对应为：42天，35天。35天后，两条狗合吃剩下的骨头所用的天数为 $\frac{7}{84}$ × 60 = 5（天），所以，它们总共需要40天。

62.小明读书

因为上午读了一部分，这时已读的页数与未读页数的比是1：9，由此可知，上午读了这本书总页数的1/（1 + 9）= $\frac{1}{10}$，下午比上午多读6页，那么下午读的就比总页数的 $\frac{1}{10}$ 还多6页，这时，已读的页数占总页数的1/（1 + 3）= $\frac{1}{4}$，因此6页就是总页数的 $\frac{1}{4}$ 与 $\frac{1}{5}$ 的差，所以这本书的总页数是6 ÷ ($\frac{1}{4}$ - $\frac{1}{5}$) = 120页。

63.勤劳的蚊子

这个问题其实没有想象中的那么复杂，只要仔细考虑一下，是很容易解决的。先要知道蚊子一共飞行了多长时间，问题就大大简化了。而运动员骑行的时间与蚊子飞行的时间相等。运动员的速度是每小时50千米，两人相遇需要3个小时。蚊子也就飞行了3个小时，共飞300千米。

64.烧煤

第一天烧后剩下的重量：

（500 + 500）÷（1 - 20%）= 1250（千克）

这堆煤总重量：

（1250 + 500）÷（1 - 20%）= 2187.5（千克）

这堆煤共2187.5千克。

65.配药水

先求20克药液的含药量，再求配成含药5%的药水的重量，然后减掉原来药液的重量，就是要加入清水的重量：20 × 80% ÷ 5% − 20 = 300（克）。

所以，需要加入清水300克。

66.提前的时间

这次汽车没有到达机场就返回了，所以行驶的时间比平常少用了20分钟。节省的20分钟的时间，就是汽车与电瓶车相遇的地点到机场，再从机场返回到相遇地点所需的时间。汽车开一个单程需要10分钟，但是我们知道，汽车与电瓶车相遇之前，电瓶车在路上走了30分钟，即飞机到达半小时后。因为汽车是准时从邮局出发的，到机场还需要10分钟，因此飞机比原定的时间早到40分钟。

67.水中航行

在相同的时间内，顺水可航行20 − 17.6 = 2.4千米，逆水可航行3.6 − 3 = 0.6千米。于是，求出在相同时间内顺水航程是逆水航程的2.4 ÷ 0.6 = 4倍。那么，顺水的航速也就是逆水的航速的4倍，从而，我们可以求出顺水与逆水的航速。

顺水航速为：（20 + 3 × 4）÷ 4 = 8（千米）

逆水航速为：（20 ÷ 4 + 3）÷ 4 = 2（千米）

船在静水中的速度为：

（8 + 2）÷ 2 = 5（千米）

水流速度为：（8 − 2）÷ 2 = 3（千米）

即船在静水中的速度为每小时5千米，水流速度为每小时3千米。

68.路牌

假设小刚第一次看见路牌上的两位数的十位数为x，个位数为y。那么第一块路牌上的两位数是10x + y；第二块路牌上的两位数是10y + x；第三块路牌上的三位数是100x + y。根据题意，列出如下方程式：

10y + x −（10x + y）= 100x + y −（10y + x）

y = 6x

当x = 1时，y才能成为一位整数。所以x = 1，y = 6。故第一、二、三块路牌上的数字分别为16、61、106。

汽车每小时前进的速度是61 − 16 = 45千米。

69.握手

如果参加会议的有n个人，那么每一个人都握了n − 1次手，n个人总共握了n（n − 1）次手。但甲和乙握手与乙和甲握手实际上是同一次握手，所以握手的次数为[n（n − 1）]/2，根据条件可得：

[n（n − 1）]/2 = 136，即$n^2 − n − 272 = 0$

解得n = 17，n = − 16

负数不符合条件，所以参加会议的共有17人。

70.蜗牛爬墙

蜗牛白天往上爬3米，晚上下降2米，实际上每昼夜只上升1米，经过9昼夜，蜗牛向爬行了9米，离墙顶还有3米，第10天爬到了墙壁顶端，所以蜗牛从墙脚爬到墙顶需要10天时间。在相同的情况下，如果堆高20米，蜗牛从墙脚爬到墙顶需要18天。

71.相隔的时间

因为小刚坐的车与从市博物馆开出的第一辆公共汽车碰头时，与第二辆公共汽车所间隔的距离等于两辆公共汽车（小刚乘的车和第二辆车）的速度和与时间1分半的乘积。已设公共汽车速度相等，因此，一辆公共汽

车开这段距离需3分钟。也就是每隔3分钟开出一辆车。

72.游泳训练

根据题意分析，甲运动员的速度是2米/秒，乙运动员的速度是3米/秒。乙游完1500米用500秒。两人第一次迎面相遇是在出发后的第10秒钟（甲游了20米，乙游了30米）；第二次迎面相遇，是在出发后的第20秒钟（甲游了40米，乙游了60米）；第三次迎面相遇，是在出发后的第30秒钟（甲游了60米，乙游了90米）；第四次迎面相遇是在出发后的第40秒钟（甲游了80米，乙游了120米）。

甲、乙第四次迎面相遇后，又过了10秒钟，即第50秒钟时，甲乙同时到达出发一端的池壁（虽然相遇，但并非迎面相遇），这时，甲游了100米，乙游了150米，接着甲乙两运动员又同时出发。

由此可见，在甲乙一同游的每50秒内，也就是甲每游100米，乙每游150米，两人迎面相遇有4次。因此，在完成1500米的训练时，甲乙迎面相遇总共有40次。乙的速度比甲快，游完规定距离就上岸了，此时甲才游完1000米，还差500米没有游完，但这剩下的500米也只有他一个人在那里游了。

73.返回港口

4、8、12、16的最小公倍数是48，所以4艘船经过48个星期后，才能重新一起回到这个港口。

74.谁的速度快

设甲行驶的时间为x，则乙休息的时间为 $\frac{x}{2}$；乙行驶的时间为y，则甲休息的时间为 $\frac{y}{3}$。

因为两辆摩托车在路上的时间相同，所以：

$$x + \frac{y}{3} = \frac{x}{2} + y$$

$$x = \frac{4}{3}y , \quad y < x$$

因此乙骑摩托车的速度比甲骑摩托车的速度快。

75.铺方砖

根据题意可知这块地的总面积一定，每块砖的面积与块数成正比例。

设用边长为0.4米的方砖铺地，需用x块，则可列出下列方程

$$(0.5 \times 0.5) / (0.4 \times 0.4) = \frac{x}{768}$$

$$x = 1200$$

即若改用每块边长为0.4米的方砖来铺新房地面，需用1200块。

76.节省木料

木匠师傅将43厘米长的木料锯5根，37厘米长的锯1根，共锯6根，锯了5次共损耗2.5厘米。43 × 5 + 37 + 2.5 = 254.5厘米。这样最节省，没有余料。

77.火车的长度

单位换算：36千米/小时 = 10米/秒，54千米/小时 = 15米/秒。

那么，第二列火车的长度为（10 + 15）× 5 = 125米。

78.两棵树的距离

3棵树呈三角形，根据几何定理：三角形两边之和大于第三边；两边之差小于第三边。因此，桃树与杏树的距离大于（6.87 - 0.75）= 6.12，小于（6.87 + 0.75）= 7.62，在6.12和7.62之间，只有一个整数7。所以，本题的答案7。

79.共有多少步

设双步数为y。根据题意列方程：

$2y = 3 (y - 250)$

$y = 750$；

3步数：$750 - 250 = 500$

$3 × 500 + 2 × 750 = 3000$（步）；

因此，从小丽家到小琳家共有3000步。

80.衣服的价值

这个工人劳动1个月应该得到的报酬是1元和1件衣服价值的1/12，劳动7个月应该得到7元及衣服价值的7/12，但是，工人在劳动7个月后一共得到5元与1件衣服，比规定的工资少拿2元，而多得到衣服价值的12/12 - 7/12 = 5/12。所以衣服的价值是：

$2 ÷ 5/12 = (2 × 12) ÷ 5 = 24 ÷ 5 = 4.8$（元）。

81.追轮船

设轮船的速度为x，那么，水上飞机的速度为10x。假如水上飞机追上轮船时，飞机飞行了s海里，那么在同一时间内，轮船航行的路程为s - 180海里。因此：

$$\frac{s}{10x} = \frac{s-180}{x}$$

$s = 200$（海里）。

82.重逢后的问题

设老王的年龄为y，儿女数为x，学生数为z，根据题意可列方程：

$xyz = 19668$

19668可以分解为如下素数的连乘的形式：$2 × 2 × 3 × 11 × 149$

根据题中"你今年四十几了"这句话就可判定老王的年龄只能在41岁到49岁之间。而19668里的素数只能组成一个$2 × 2 × 11$

$= 44$，并且只有把2、2、3、11、149组成$3 × 44 × 149$的3个数连乘才符合题意。又根据实际生活中的常识，一定是x（儿女数）< y（老王的年龄）< z（学生数），所以，正确的答案应该是：老王的儿女数是3，年龄是44，他教的学生数是149。

83.假钞

商人购进那件衣服花了70元，加上他卖出这件衣服找给购买者的18元，总共损失了88元。

84.李白买酒

根据题意可知：第三次见花前壶内只有一斗酒，那么遇店前，壶内应有半斗酒（即1/2斗酒）。依此类推，第二次见花前壶内有酒（1/2 + 1），第二次遇店前壶内有酒（1/2 + 1）÷ 2 = 3/4（斗）。第一次见花前壶内有酒（3/4 + 1）斗，第一次遇店前壶内有酒（3/4 + 1）÷ 2 = 7/8（斗），即原来壶中有酒7/8斗。

此题也可列方程求解。设壶内原来有x斗酒，则第一次遇店后壶内有酒2x斗，第一次见花后壶内有酒（2x - 1）斗，第二次遇店后壶内有酒（2x - 1）× 2（斗），第二次见花后壶内有酒（2x - 1）× 2 - 1（斗）；第三次遇店后壶内有酒[（2x - 1）× 2 - 1] × 2（斗），第三次见花后壶内有酒[（2x - 1）× 2 - 1] × 2 - 1（斗），即"将壶中的酒全部喝光"。

因此可以列方程为：

$[(2x - 1) × 2 - 1] × 2 - 1 = 0$

即$x = 7/8$（斗）。

85.称钱币

把9枚钱币分成3堆，每堆3个。第一次称其中的两堆，即在天平的每一边各放3枚钱

币。称得的结果有两种可能情况：（1）如果一边重一边轻，那么轻的一边就有假的，就再称轻的3个中的2个。如果天平是平的，那么剩下的第三个是假的，如果一边较轻，那么假的就是这个轻的。（2）如果第一次称的结果两边一样重，那么就再称第三堆中的2个。像上面一样，就可以把假的找出来。因此，只要称2次，就可以找出假的钱币。

86.牛吃草

设所求牛的头数为x，每亩地上原有的草为y，每亩地每星期生长草为z。根据题意，一头牛在两周内所吃掉的草的容积是2（y+2z），因此每头牛在每周所吃掉的草的容积是：

[2（y+2z）]÷（3×2）即（y+2z）÷3

再根据题目中的第二句话，得知两头牛在4周内吃掉的草是2（y+4z），因此每头牛在每周所吃掉的草是：

[2（y+4z）]÷（2×4）即（y+4z）÷4

同理，x头牛在6周内吃完6亩地上原有的草和6周内所生长的草，共是6（y+6z），因此每头牛在每周吃掉的草是：

[6（y+6z）]÷6x即（y+6z）÷x

于是得到方程：（y+2z）÷3=（y+4z）÷4=（y+6z）÷x

解这个方程组得到：x=5（头）。

即5头牛能在6周吃完6亩地上原有的草和6周中所生长的草。

87.买邮票

设小张需要2分邮票x枚，1分邮票y枚，5分邮票z枚。

$$\begin{cases} 2x+y+5z=100 & ① \\ 10x=y & ② \\ x-y-z为正整数 \end{cases}$$

由①②可知：12x+5z=100

因为5z必须为整十数，所以12x也必须为整十数。

又x、y、z≥0，所以12x<100，则x=5。

因此

x=5

y=50

z=8

由此，我们可以知道小张需要2分的邮票5枚，1分的邮票50枚，5分的邮票8枚。

88.分牛

聪明的邻居牵了自己家的一头牛来替他们三兄弟分牛。加上邻居牵来的一头牛，牛的头数就变成了18头牛了。于是大儿子应分总数的一半，得9头，二儿子分三分之一，得到6头，小儿子分九分之一，得到2头。这样，3个人刚好分去17头牛，最后恰巧剩下这位邻居牵来的牛，于是他又牵回了自己的牛。实际上，这位邻居是按比例进行分配的，即$\frac{1}{2}:\frac{1}{3}:\frac{1}{9}=9:6:2$。

89.竞选

按照最少的候选人数投票，也就是说，假设这49票都投给了4个人，那么第三名要想当选，必须得到比平均数多的票才行。而平均数为49÷4=12.25，所以要想当选，至少得到13票。

90.分裂的小虫

这道题看起来复杂，其实很简单。我们可以从第2秒瓶里有2只小虫时开始计时，它分裂到最后填满小瓶，需要的时间就是除去最先由1只分裂为2只小虫的时间，即2秒；把这2秒减去以后，就是2只小虫分裂满一瓶需要的时间，即1分58秒。

91.各有多少人

在谈姐妹和兄弟的人数时，哥哥和妹妹都没有把自己包括在内，因此：

设兄弟为x人（说话的哥哥在内），姐妹为y人（说话的妹妹也在内）。

$$\begin{cases} x - 1 = y \\ 2(y-1) = x \end{cases}$$

$$x = 4$$
$$y = 3$$

所以兄弟有4人，姐妹有3人。

92.青蛙爬井

很多人看到这个题目后，马上就给出了答案：6天。其实，这个答案是错误的，他们忽略了关键的一点：即当最后一天青蛙爬出井口后，就不会再下滑了。因此正确答案是5天。前4天青蛙共向上爬了12米，第5天白天青蛙正好将剩下的6米爬完。

93.接力赛

此题也可列方程求解，设甲、乙两地相距x公里，则一排走了$\frac{x}{4}$（公里），二排走了$\frac{x}{3} - 3$（公里），三排走了$\frac{x}{6} + 3$（公里），四排走了$\frac{x}{12} + 6$（公里）。

所以列方程：

$$x = \frac{x}{4} + \left(\frac{x}{3} - 3\right) + \left(\frac{x}{6} + 3\right) + \left(\frac{x}{12} + 6\right)$$

$$x = 36（公里）$$

甲乙两地相距36公里，每排走9公里。

94.切纸牌

扑克牌的厚为2厘米。切第一刀后，叠起来的高度为4厘米，第二次高为8厘米，第三次高为16厘米……，依此类推，排列为：

2，4，8，16，32，64……

这列数可以写成幂的形式：

2^1，2^2，2^3，2^4，2^5，2^6……

切第52次时即2^{52}，其高度为2^{52}厘米。

95.危险的隧道

两人进入隧道全长的$\frac{1}{4}$路程时听到卡车准备进洞的喇叭声，于是开始奔逃，在小强按原路刚跑出隧道口，卡车就进来了，即小强跑了隧道全长的$\frac{1}{4}$路程出隧道口，因2个小孩的速度相同，所以此时小明跑的路程应是：$\frac{1}{4} + \frac{1}{4} = \frac{1}{2}$，当小明刚跑出隧道口，卡车也快要抵达出口处，因此小明脱离危险，显然车速比小明奔跑速度的2倍略慢一点。现按车速是小孩速度的2倍来考虑，已知小孩奔跑的速度是每百米12.5秒，即：100米÷12.5秒＝8米／秒，所以车速是2×8米／秒＝16米／秒。

因此，汽车在隧道内行驶时，由于车速每秒小于16米，所以使得小明能在千钧一发之际死里逃生，侥幸避免了这场车祸。

96.选骓马

根据题意，可设原来篮子里有李子x个，则第一次取出后篮子里还剩$x - \frac{x}{2} - 1$（个），第二次取出后篮子里还剩$\left(x - \frac{x}{2} - 1\right) \div 2 - 1$（个），第三次取出后篮子里还剩$\left[\left(x - \frac{x}{2} - 1\right) \div 2 - 1\right] \div 2 - 3$（个），即"篮子里已经没有李子了"。

因此可以列方程为：

$$\left[\left(x - \frac{x}{2} - 1\right) \div 2 - 1\right] \div 2 - 3 = 0$$

$$x = 30$$

即篮子里原来有李子30个。

97.两个探险者

前6天乙比甲依次少走6、5、4……1公里，第7天两人走的距离相等，从第8天后，乙比甲依次多走了1、2、3……公里，这样推

算的话，乙会在第13天遇上甲。

98.篮球比赛

设9个队的名称分别为A、B、C、D、E、F、G、H、I，则：

A要与其他8个队比赛8场，

B还要与除A以外的7个队比赛7场，

C还要与除A、B以外的6个队比赛6场；

H还要与I比赛1场。

所以，比赛的总场次数为8 + 7 + 6 + ······ + 1 = 36，每个学校有比赛36 ÷ 9 = 4场。

99.小刀的价值

羊的总数为n头，每头卖n元，所以一共得到n^2元。设a表示n的十位上的数字，b表示n的个位上的数字，那么n = 10a + b，n^2 = $(10a + b)^2$ = $100a^2 + 20ab + b^2$。因为哥哥先取10元，而弟弟取最后一次时，拿到的不足10元，所以n含有奇数个10元，与最后剩下的不足10元，但是，$100a^2 + 20ab$ = 20a（5a + b）能被20整除，即含有偶数个10元。因此b^2必含有奇数个10元，而b<10，即b^2除以10时必有余数，且b^2可能为下列各数：1，4，9，16，25，36，49，64，81。因为在这些数当中，只有16和36含有奇数个10，所以b^2只可以是16和36，这两个数的个位数字都是6，也就是弟弟最后拿到的钱数（不足10元）。这样，哥哥比弟弟多拿4元。故哥哥必须再给弟弟2元，因此小刀的价值为2元。

100.猜时间

我们都知道，时间的表示法有两种：一种是从每天夜间零点开始算起的累计表示法。这样，下午时间就可表示为13点（下午1点）、17点（下午5点）······另一种是将钟表上的数字直接读出来，这样下午的时间就表示为下午1点、下午5点······由于有这样两种不同的时间

表示法，所以本题的解有两个。

其一，设小美问的时间是x点钟。则今日中午到现在的时间是x - 12，它的四分之一为$\frac{x-12}{4}$，加上从现在到明天中午的时间的一半$\frac{x+12}{2}$ 即为小美问的时间x。

所以列方程得 $\frac{x-12}{4} + \frac{x+12}{2} = x$

x = 12（时），即小美的时间是12点钟。

其二，设从今天中午12点到现在的时间为x，它的四分之一为$\frac{x}{4}$，加上现在到明天中午12时的时间的一半$\frac{24-x}{2}$，就是现在的时间x。

所以列方程式得：$\frac{x}{4} + \frac{24-x}{2} = x$

x = 9.6

即晚上9点36分。

101.3对夫妻

从题意得知，每个丈夫所花的钱比他的妻子多63元，所以

（他买的件数）^{2} – （她买的件数）^{2} = 63

记成$x^2 - y^2 = 63$

即（x + y）（x - y）= 63

从这个方程可以得到3组解：

（63，1）$_1$，（21，3）$_2$，（9，7）$_3$。

由于丈夫买的件数和花的钱都多于自己的妻子，可见，每一组中数目较大的属于丈夫，数目较小的属于妻子。这样，我们可列出3个联立方程组：

$$\begin{cases} x_1 + y_1 = 63 \\ x_1 - y_1 = 1 \end{cases}$$

$$\begin{cases} x_2 + y_2 = 21 \\ x_2 - y_2 = 3 \end{cases}$$

$$\begin{cases} x_3 + y_3 = 9 \\ x_3 - y_3 = 7 \end{cases}$$

解这些方程，得：

$$\begin{cases} x_1 = 32 \\ y_1 = 31 \end{cases}$$

$$\begin{cases} x_2 = 12 \\ y_2 = 9 \end{cases}$$

$$\begin{cases} x_3 = 8 \\ y_3 = 1 \end{cases}$$

从题意得知，老赵是x_1，老张是x_2，而小林是y_2，小王是y_3，所以老赵和小李是一对，老钱和小王是一对，老张和小林是一对。

102.发新书

设新书总数为y，每个同学分配到x本书，那么帮助发书的同学就有y/x个。

根据老师的分配方法：

第一个同学拿$x = 10 + \dfrac{y - 10}{10}$本书；

第二个同学拿$x = 20 + \dfrac{y - x - 20}{10}$本书；

第三个同学拿$x = 30 + \dfrac{y - 2x - 30}{10}$本书；

第四个同学拿$x = 40 + \dfrac{y - 3x - 40}{10}$本书；

……

根据上面的式子，后一个同学比他前一个同学要多拿$10 - \dfrac{x + 10}{10}$本书。然而实际上老师分给每个同学的书一样多，因此$10 - \dfrac{x + 10}{10} = 0$。显然x = 90。把x = 90代入前面的任何一个式子，都可以算出y = 810。而$\dfrac{y}{x} = \dfrac{810}{90} = 9$，所以，共有新书810本，发书的同学有9个，每人分配到90本书。

103.掷硬币

根据大量次数的投掷试验证明，一个质量均匀的圆形物件（例如硬币），落地时正面朝上和反面朝上的可能性是等同的，即都为1/2。

在同时抛掷两个硬币时，如果设一个硬币为A，另一个为B，那么出现的情况可能有：

A正面B正面　　A反面B反面

A正面B反面　　A反面B反面

也就是有一个可能是两个都正；有一个可能是两个都反；有两个可能为一正一反。两正、两反、一正一反的可能性分别为1/4，1/4，1/2。

从上面的分析我们可以知道，小明、小英、小强3人约定的方法对于决定第一来说，是不合理的，小强得到第一的机会要多于小明、小英；对于决定第二、第三来说，是合理的。

104.兔子饲养员

设4号、5号、6号兔子吃掉的青草分别为x、2y、3z（x、y、z分别可取1斤、2斤、3斤3个数中的任何一个）。根据题意，得：40 -（1 + 2 + 3 + x + 2y + 3z）= 6n（n是正整数），即34 -（x + 2y + 3z）= 6n。

x、y、z分别只是1、2、3中的任意一个，x、y、z有下列6组：

x	1	1	2	2	3	3
y	2	3	1	3	1	2
z	3	2	3	1	2	1

分别将这6种情况代入上列式中，只有当x = 3，y = 2，z = 1时，才能满足n是正整数。所以，上面不定方程的唯一解为x = 3，y = 2，z = 1。即4号吃3斤，5号吃4斤，6号吃3斤。

最后，根据题目的已知条件可得：4号兔子与3号配对；而5号兔子与2号兔子配对；最后剩下的6号与1号配对。

105.比赛名次

解这道题的关键是确定他们3人一共进行了几项比赛。由题目条件得知，3人累计得分分别为22分、9分、9分，这样3人得分合计共40分。而由赛前约定可知，每一项得分共为5 + 2 + 1 = 8分。于是，可以知道他们一共举行了5个单项的比赛。

在确定了这一点后，问题就好解决了。由于小刚5个项目的累计得分为22分，因此他必定有4个项目获得第一名（如果他获得第一名的项目不满4项，则累计得分就不超过19分），另一项目得第二名。由已知获得铅球第一名的是小强，因此可以肯定这个项目的第二名是小刚，那么得第三名的就是小军。

我们还可以通过上面的分析，知道小强在除铅球以外的其余4个项目的比赛中都只得了第三名，李军都得了第二名。

106.师父和徒弟

我们先分别用d、c、z、l表示老杜、老蔡、老赵、老梁4位师父各自的徒弟装配马达的数量，那么这4位师父的产量就依次是：d、2c、3z、4l。根据题意可得：

$$d + c + z + l = 14$$
$$d + 2c + 3z + 4l = 44 - 14 - 30$$

把后一式子与前一式子相减，得：

$$c + 2z + 3l = 16$$

在这个式子中c、2z、3l这3项的和等于16，是一个偶数。由于z不管是什么数值，2z必定是偶数，因此要使得上述3项之和等于一个偶数（16），那么c和l一定要么同时是奇数，要么同时是偶数。

另外，这4个徒弟装配的数量分别是：2、3、4、5，这样c和l的取值就只可能是这样4种情况：2、4；4、2；3、5；5、3。而z的数值则可以由c + 2z + 3l = 16推出。我们把它们列成一个表：

c	l	z = (16 - c - 3l)/2
2	4	1
4	2	3
3	5	-1
5	3	1

由于z的数值不可能是1或-1，因此在上

述表中符合条件的只有第二种情况，也就是：c = 4，l = 2，z = 3，把这些数值代入到前面的式子，很容易算出d = 5。

再根据统计员叙述的情况：小莉装2台，小强装3台，小刚装4台，小红装5台。而根据我们开始所设定的，l、z、c、d分别表示老梁、老赵、老蔡、老杜各自徒弟装配马达的数量。

综合这两个方面，就可以知道：老梁的徒弟是小莉，老赵的徒弟是小强，老蔡的徒弟是小刚，老杜的徒弟是小红。

107.表没有停

根据题意，可设小松开始解题时是7时x分。如果将表面分成60个小分划来计算，那么这时，分针在第x个分划处，时针在第5 × 7 + x/12个分划处，两者相距x - （5 × 7 + x/12）个分划。由题意可知此时分针在时针之前，故x > 5 × 7 + x/12。为了运算简便，下面我们用m来表示x - （5 × 7 + x/12）。

当分针走了一个多小时到达时针原来的位置时，它共走过2 × 60 - m个分划；与此同时，时针走到分针原来的位置，它走过了m个分划。

因为1小时分针走过60个分划，时针走过5个分划，因此时针的移动速度$V_{时}$与分针的移动速度$V_{分}$之比$V_{时}/V_{分} = 5/60 = 1/12$，因而它们走过的路程$S_{时}$、$S_{分}$之比：$S_{时}/S_{分}$ = （$V_{时} \cdot t$）/（$V_{分} \cdot t$） = $V_{时}/V_{分} = 1/12$，也就是m/（2 × 60 - m） = 1/12。由此可得m = 9（3/13）。

由于分针走过的分划可以表示实际经过的时间，所以由此可以得知，小松解题所花费的时间是2 × 60 - m = 110（10/13）分钟，约为1小时50分。

因为x - （5 × 7 + x/12） = m = 9

（3/13），所以x = 48（36/143）分≈48分。我们可以知道小松开始做题的时间大约是7时48分，到9时38分做完这道题目。

108.技术革新

如果以字母a、b、c、d分别表示每次革新缩短的操作时间，它们的积为N，则N = abcd，这里a<b<c<d，且a + b + c + d = 17。

设a = 3，那么b不少于4小时，c不少于5小时，d不少于6小时，而a + b + c + d不少于18小时。与题目条件不符。因此，a只能为2或1。

如果a = 2，则适合于a + b + c + d = 17和a<b<c<d的，只有3种情况：（1）2、3、4、8；（2）2、3、5、7；（3）2、4、5、6，题目已知条件讲到，4次革新缩短时间的积是第二次革新缩短时间的40倍的条件，而这3种情况没有一个能满足。

如果a = 1，则有8种情况：（1）1、2、5、9；（2）1、2、6、8；（3）1、2、4、10；（4）1、2、3、11；（5）1、3、4、9；（6）1、3、5、8；（7）1、3、6、7；（8）1、4、5、7。

符合条件的只有第六种情况。所以，第一次革新缩短的时间为1小时；第二次革新缩短的时间为3小时；第三次革新缩短的时间为5小时；第四次革新缩短的时间为8小时。

109.淘汰赛

因为最后参加决赛的是2个人，这2个人应该从$2^2 = 4$个人中比赛产生；而这4个人又应该从$2^3 = 8$个人中产生……如果报名的人数是2的正整数次幂，那么，只要按照报名人数，每两人编成一组进行比赛，逐步淘汰就可以了，如果报名的人数不是2的正整数次幂，那么在第一轮比赛中就有轮空，即有部分运动员在没有对手的情况下进行比赛。为了制造比赛的紧张气氛，人们总是将轮空放在第一轮，且安排较高水平的运动员轮空。

由此可得各轮比赛的场次为：

第一轮$56 - 2^5 = 24$（有8人轮空）

第二轮$2^4 = 16$

第三轮$2^3 = 8$

第四轮$2^2 = 4$

第五轮$2^1 = 2$

第六轮$2^0 = 1$

所以，共需要进行的比赛为24 + 16 + 8 + 4 + 2 + 1 = 55场。即总比赛场次等于报名的人数减去1。

事实上，如参加比赛的有n个人，每场比赛总是淘汰1个人，最后还剩下1名冠军，所以应淘汰n - 1个人，也就是总共应进行比赛n - 1场。

110.节约用料

（1）由于做两件上衣和一条长裤共需用布2 × 7 + 1 × 6 = 20尺，因此以20尺作单位可得80 ÷ 20 = 4。所以做4 × 2 = 8件上衣和4条长裤可使余料为0。

由于做10条长裤需用布60尺，而余下的布刚好为20尺，因此做两件上衣和11条长裤也可使余料为0。

（2）一段85尺的布，其个位数是5，而做上衣需用5尺布。因此不论长裤需要用去多少尺布（只要是整数），做5条其个位数一定是5或0，剩下的料都用来做上衣，就可使余料为0。于是做5条长裤和11件上衣，或做10条长裤和5件上衣，都可使余料为0。

（3）花布长60尺，如果都做衬衫可做11件余1尺7寸；如果都做裙子可做16条余2尺4寸。如果衬衫做n件，裙子做m件，那么需用布5.3n + 3.6m，其中n≤11，m≤16。

要使剩下的料最少，就要使上面式子取得的值最大。依次取n = 1、2、……11，可知n = 1，m = 15时，即做一件衬衫和15条裙子时，余下的布料为7寸，是最少的方案。

111.卖炊具

设平底锅、盘子、勺子各卖了x、y、z件，根据题意列方程，得

x + y + z = 100 ①

30x + 2y + 0.5z = 200 ②

②式 × 2 - ①式，得59x + 3y = 300

x = 3（100 - y）÷ 59（x、y、z都为整数）

由于x为整数，100 - y 必然是59的倍数，此时只有y = 41时才满足条件，故y = 41，x = 3，z = 56。

所以平底锅卖了3件，盘子卖了41件，勺子卖了56件。

112.抽签

他们的这种想法是不对的。

如果小王第一个抽，抽中的可能性是1/3。小李第二个抽，他能不能抽中，与小王抽中不抽中有关。如果小王已抽中，那么小李就一定抽不中；如果小王没有抽中，小李有1/2机会可以抽中。由于小王没有抽中的可能性是2/3，在这种情况下，小李抽中的机会有1/2，所以小李抽中的可能性仍然是2/3 × 1/2 = 1/3。由于小王、小李抽中的可能性都是1/3，所以小赵第三个抽，抽中的可能性还是1 - 1/3 - 1/3 = 1/3。

所以，采用抽签的方法决定谁去图书馆做管理员很公平合理，先抽和后抽的机会都一样，大家都有1/3的可能性。

113.观众数量

设男子为x人，女子为y人，小孩为z人，根据题意列方程得：

$$\begin{cases} x + y + z = 120 \\ 5x + 2y + 0.1z = 120 \\ x - y - z为非负整数 \end{cases}$$

由第二个方程我们可以得知，小孩人数必须为整十数或零。

当z = 0，则方程无解，所以z为整十数。

由题意可知：

①当x = 0时，取值将最小，

z = 1200/19 ≈ 63

②当y = 0时，取值将最大，

z = 4800/49 ≈ 97

因为z为整十数

所以70 ≤ z ≤ 90

分别将z = 70、80、90代入方程式可得：

只有当z = 90时，x = 17，y = 13符合条件。

因此，电影院一共有男子17人，女子13人，小孩90人。

114.刁藩都的年龄

设刁藩都活了x岁：

"他生平的六分之一是幸福的童年"，即为x/6。

"再活了生命的十二分之一，他长起细细的胡须"，即为x/12。

"刁藩都结了婚，可是还不曾有孩子，这样又度过了一生的七分之一"，即为x/7。

"再过5年，他得了头胎儿子，感到很幸福"，即为5。

"可是命运给这孩子在世界上的生命只有父亲的一半"，即为$\frac{x}{2}$。

根据题意可得方程：

$x = \frac{x}{6} + \frac{x}{12} + \frac{x}{7} + 5 + \frac{x}{2} + 4$

即x = 84。

第三部分　巧填智解

115. 金字塔

观察下面这座"金字塔"的规律，想一下，底下"金字塔"中的问号处应填什么数字呢？

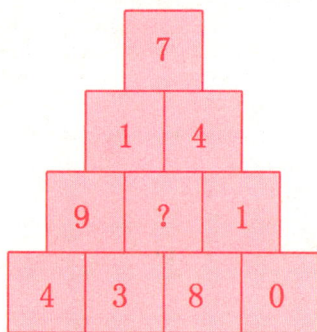

116. A是什么

从下面的算式中，你能判断出A是什么数字吗？

$A \times A \div A = A$

$A \times A + A = A \times 6$

$(A + A) \times A = 10 \times A$

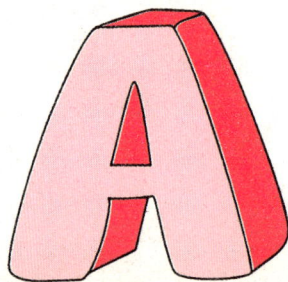

117. 调换数字

图中每个梯形的四角及对角线上的4个数字之和都是18，但正方形的四角4个数字之和不是18。请你调换两对数的位置，使正方形四角4个数字之和也是18。

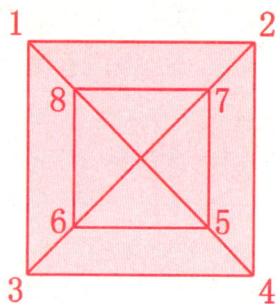

118. 圣诞树

下图是一棵非常有趣的圣诞树，圣诞树是由6个三角形组成的一个特殊的数列，每个三角形中都有一个数字。你知道问号处的数字是多少吗？

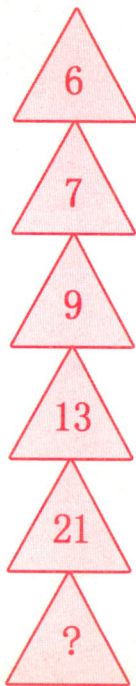

119. 圆圈中的数字

下面有3组数，请根据上面两组数字的规律，在第三组数的圆圈问号处填入合适的数字。

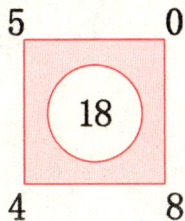

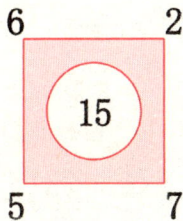

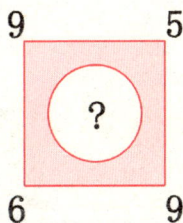

```
5        0        6        2
   [18]            [15]
4        8        5        7
```

```
9        5
   [?]
6        9
```

120. 字母巧换数字

下面是用字母表示的算式，每个字母在同一个算式中代表一个数字。

请你把下面算式里的字母换成数字。

（1）
```
    A B
  +   B
  -----
    B A
```

（2）
```
      C
      C
  +   C
  -----
    D C
```

（3）
```
      E F
      E F
      E F
  +   E F
  -----
    G E
```

（4）
```
    K K K
  +     M
  -------
  M N N N
```

121. 和为27

将下图中的空白处填上数字，使得每行、每列和对角线上的数字相加都等于27。

```
          9
          6
2             7
    6            3
```

122. 巧变三角形

下面的图中有4个正三角形，你能不能再画一个正三角形，使它变成14个正三角形呢？

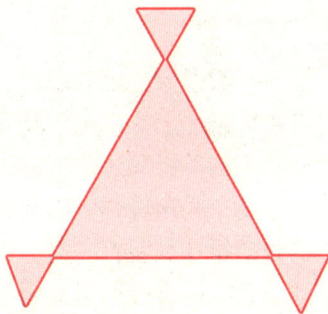

123. 摆放棋子

下图是一个简易棋盘，现在将一颗白子和一颗黑子放在棋盘线的交叉点上，但不能在同一条棋盘线上，你知道共有多少种不同的放法吗？

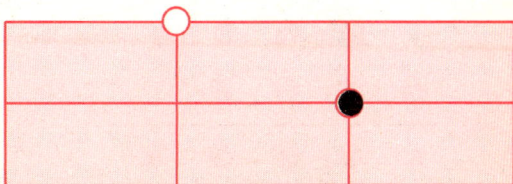

124. 从1回到1

有7行依次排列的数字。

```
1  2  3 = 1
1  2  3  4 = 1
1  2  3  4  5 = 1
1  2  3  4  5  6 = 1
1  2  3  4  5  6  7 = 1
1  2  3  4  5  6  7  8 = 1
1  2  3  4  5  6  7  8  9 = 1
```

要求不改变数字排列的顺序，在每行中的各个数字之间加上算术运算的符号，然后进行计算，使每行计算的结果都等于1。运算的顺序应该从左到右。如果需要先做加减，后做乘除，这时，你可以加上括号。

125. 旧纸片

在一位古代数学家的藏书中夹有一张十分古老的纸片。纸片上的字迹已经非常模糊了。从上面留下的曾经写过字的痕迹，依稀可以看出它是一个乘法算式。那么，这个算式上原来的数字是什么呢？夹着这张纸片的书页上，"质数"两字被醒目地划了出来。有人对此做了深入的研究，果然发现这个算式中的每一个数字都是质数。现在，请你仔细想一想，写出这个算式。

126. 3颗五角星

仔细观察上面的两颗星星，想一想，下面的那颗星星中缺少的数字是什么呢？

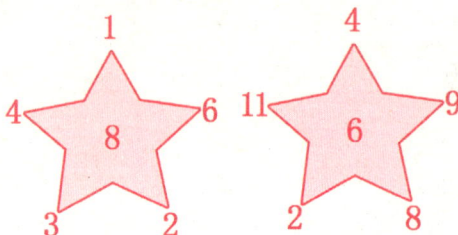

127. 寻找3个数

有5个一位数，它们的和为30，积为2520。现在，已知这5个数其中的2个，分别是1和8。那么，其他3个数是什么呢？

$$\bigcirc + \bigcirc + \bigcirc + 1 + 8 = 30$$

$$\bigcirc \times \bigcirc \times \bigcirc \times 1 \times 8 = 2520$$

128. 智力八方格

下图中有8个小方格，现在，请你将数字1~8分别填入这些方格中，使在每一条直线上的3个数字的和都等于14。

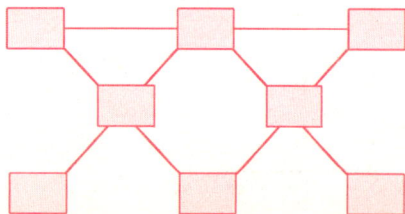

129. 变换数字

在一个圆周内交切着5根直线，使得圆周上有10个交叉点（如图所示）。其中，只有两条直线相对的两数之和相等（如10＋1＝5＋6），如果换一下图中的数字，就可以使任何两条直线上相对的两数之和都相等，应该怎么调换呢？

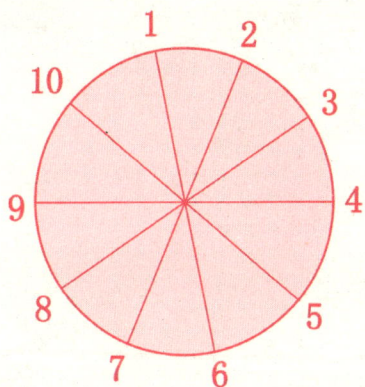

130. 算车牌号

一天早上，小辉很早就起床了，因为爸爸今天要带他去春游。爸爸在往车上放东西的时候，发现车牌松动了，于是让小辉帮忙把车上的车牌重新装一遍。小辉重新装好后，爸爸被逗笑了："儿子，你把车牌装倒了！现在这个数比原来的数大了78633！"

小朋友，你能根据小辉爸爸的话，算出正确的车牌是哪5个数字吗？

131. 数字迷阵

盼盼是个数字爱好者，一天，他想用数字布一个阵，但是，摆到最后一个数字时，他不知道该放哪个了，小朋友，你能帮助他将这个阵局完成吗？

132. 奇怪的等式

在下图中的圆圈里填入数字1～5，使与每个圆圈直接相连的各个圆圈中的数字之和与这个圆圈内的数字所代表的值相等。例如：

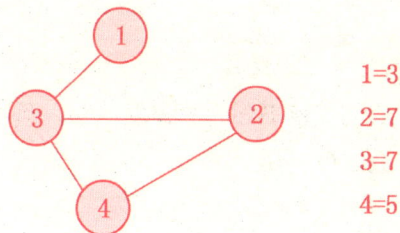

1＝3
2＝7
3＝7
4＝5

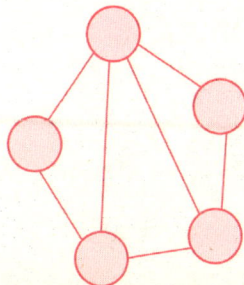

1＝11
2＝5
3＝9
4＝11
5＝8

133. 重叠的部分

下图中的5个问号分别代表5个连续的数，加起来的结果，长方形中的数等于53，三角形中的数等于79，椭圆形中的数等于50，5个数的总和等于130。请问，图中的问号分别是哪5个数呢？

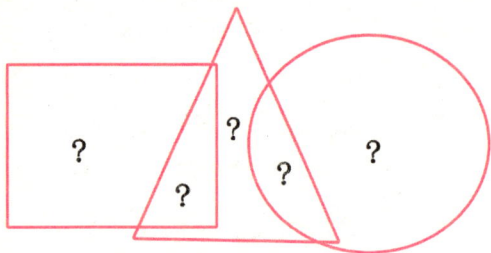

134. 合适的数

仔细观察下面的数字，然后在方格中的问号处填上合适的数。

2	5	7
4	7	5
3	6	?

135. 填字母

仔细观察下面的图，想一想，问号处应填什么字母呢？

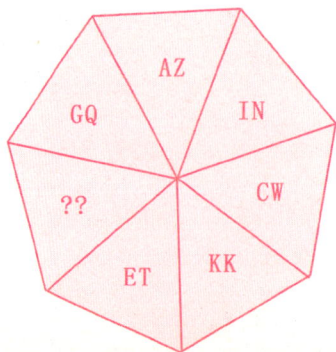

AZ
GQ
IN
??
CW
ET
KK

136. 八一晚会

八一建军节那天晚上，部队举行了一场晚会。为了活跃现场气氛，首长出了一道题：任意想9个连续自然数，按照"热烈庆祝八一建军节"这几个字的顺序分别填入下图中的空白圆圈内，使每一条直线上的3个数之和均为"81"。

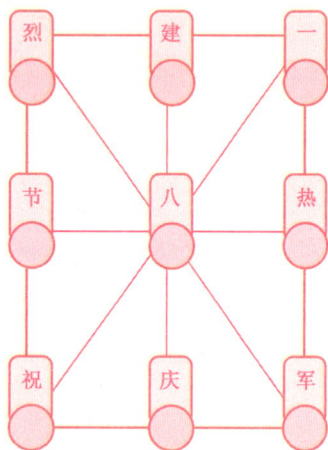

烈　建　一
节　八　热
祝　庆　军

137. 圆圈等式

图中的9个圆圈组成了4个等式，其中3个是横式，一个是竖式。现在，你要将1～9这9个数字填入这9个圆圈中，使得这4个等式都成立，你知道应该怎样填吗？注意：1～9这9个数字，每个必须填一次，即不允许一个数字填两次。

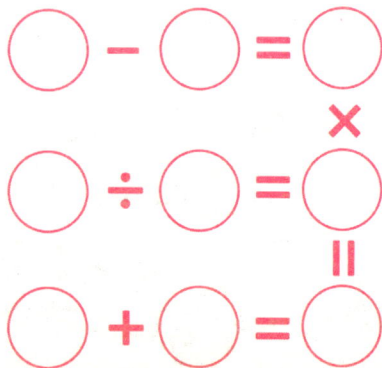

○ － ○ ＝ ○
　　　　　×
○ ÷ ○ ＝ ○
　　　　　‖
○ ＋ ○ ＝ ○

138.删除4个数

下图是一组数字。现在，为了使这组数的竖排和横排的数字之和为70，只需要将其中的4个数字删掉就可以了。你知道该删掉哪4个数字吗？

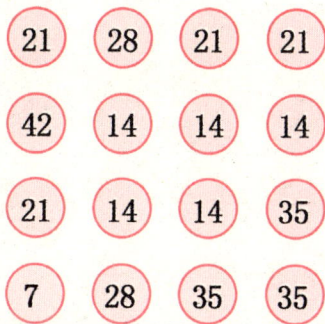

21	28	21	21
42	14	14	14
21	14	14	35
7	28	35	35

139.填不等式

把1～9这9个数分别填入图中的9个方格内，使不等式成立。你知道该怎么填吗？

140.8个方格

图中有8个方格，现在请你将1～8这8个数字分别填到这些方格中，使方格里的数无论是上、下、左、右、中间还是对角的4个方格，以及4个角之和都等于18。

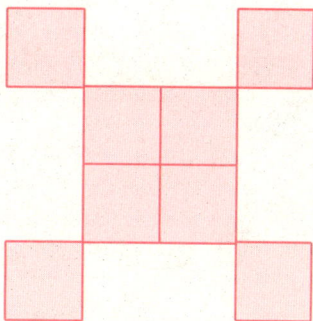

141.调换位置

图中的6个方格里放着5枚棋子，现在，要把兵和卒的位置对调一下，要求不能将棋子拿起来，只能把棋子推到相邻的空格里，那么，要推动几次才能完成呢？

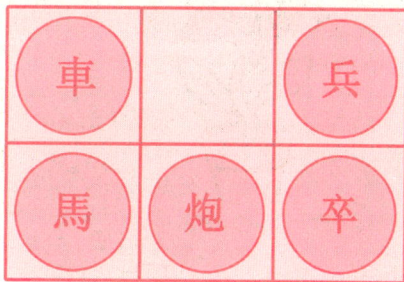

| 車 | | 兵 |
| 馬 | 炮 | 卒 |

142.镜子里的数

我们照镜子时，会发现镜子中的物品和这个物品的实际方向是相反的。现在，有两组数字（共4个）在镜子里照时，正好相反，并且它们之间的差均为63。你知道这两组数字分别是什么吗？

143.滚动的台球

在一次台球比赛中，一个台球击中了球台的边缘，如下图中箭头标示的位置。如果这个台球仍有动力继续滚动，那么它最后会落入哪个球袋中呢？

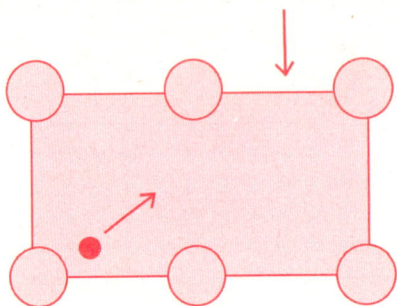

144.布置花池

为了迎接节日，公园的工作人员想用25盆花布置成一个花池，要求将这25盆花摆在12条直线上，且每条直线上均有5盆花。应当怎样布置呢？

145.三角形中的字母

观察下面3个三角形中的字母规律，你知道在问号处要填什么字母，才能符合图形的规律吗？

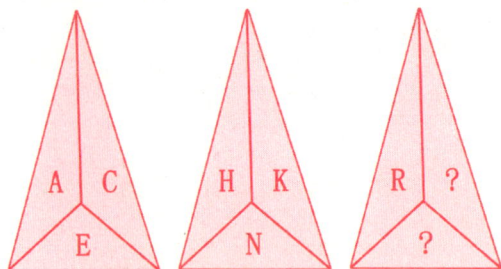

146.圆与三角形

下面的图中，小圆和三角形里的数字之间存在着一定的规律，请找出这个规律，并在图中的问号处填上合适的数字。

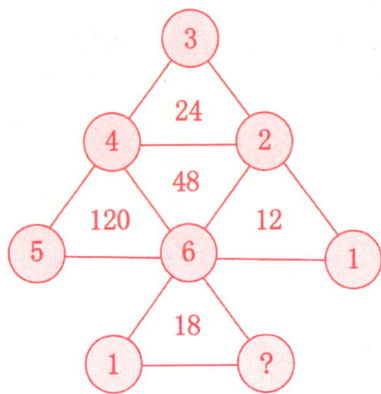

147.聪明的士兵

某情报机构截获了敌人的一份秘密情报。经过初步破译得知，下月初，敌军3个师的兵力将分东西两路再次发动进攻，东路的兵力要比西路的兵力多。在东路集结的部队人数为"ETWQ"，从西路进攻的部队人数为"FEFQ"，东西两路总兵力为"AWQQQ"，但具体是多少人却是个未知数。后来，这个令人头疼的密码竟然被一位士兵破译了。小朋友，你知道士兵是怎么破译密码的吗？

$$
\begin{array}{r}
E\ T\ W\ Q \\
+\ F\ E\ F\ Q \\
\hline
A\ W\ Q\ Q\ Q
\end{array}
$$

148.巡视图书馆

下图是一个图书馆的平面示意图，一名管理员从图中入口处进入，他要将所有的书架巡视一遍。现在，他要走到图中标示着"A"的书架去，要求每个书架只能经过一次。那么，这个管理员应该怎么走呢?

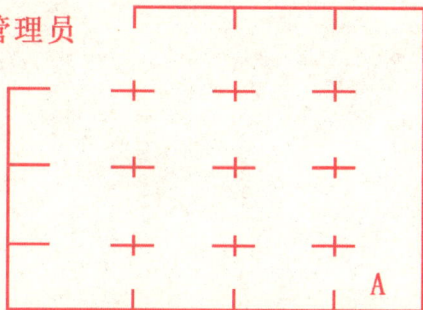

149.还原数字

在一次数学课上，老师给大家出了这样一道有趣的题：已知abcd的9倍是dcba，那么，a、b、c、d各自代表的是什么数字呢?

150.填数

把数字1～12分别填入图中各个圆圈内，使图中4个三角形的三边6个圆形中的数字之和都相等。

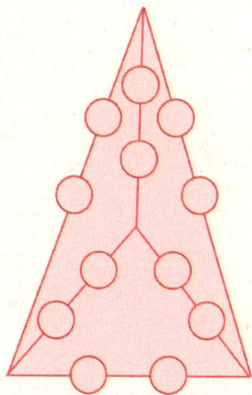

151.有趣的正方体

请把1～8这8个数字分别填入下图所示正方体顶点处的圆圈里，使每个面的4个角上的数字之和都相等。

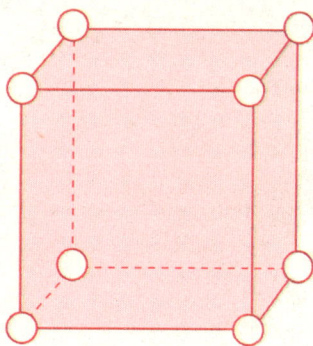

参考答案

115.金字塔

问号处应填3。

（422 + 436）× 3 = 2574

（719 + 741）× 3 = 4380

116.A是什么

A是5。

117.调换数字

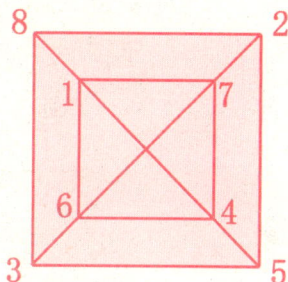

118.圣诞树

问号处的数字是37。

从上向下进行，把每个数字乘以2，再减去5，就得到下一个数字。

119.圆圈中的数字

34。

用图中正方形斜对角组成的数相减所得出的数就是圆圈内的数。

120.字母巧换数字

（1）
$$
\begin{array}{r}
8\ 9 \\
+\quad 9 \\
\hline
9\ 8
\end{array}
$$

（2）
$$
\begin{array}{r}
5 \\
5 \\
+\quad 5 \\
\hline
1\ 5
\end{array}
$$

（3）
$$
\begin{array}{r}
2\ 3 \\
2\ 3 \\
2\ 3 \\
+\quad 2\ 3 \\
\hline
9\ 2
\end{array}
$$

（4）
$$
\begin{array}{r}
9\ 9\ 9 \\
+\qquad 1 \\
\hline
1\ 0\ 0\ 0
\end{array}
$$

121.和为27

6	2	9	3	7
3	7	6	2	9
2	9	3	7	6
7	6	2	9	3
9	3	7	6	2

122.巧变三角形

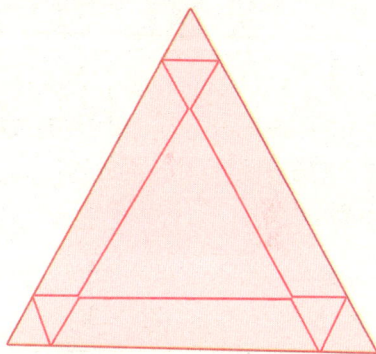

123.摆放棋子

黑子如果确定一个位置，白子就有6个不同的放法。而黑子不同的位置总共有12个，所以不同的方法一共有：12 × 6 = 72（种）。

124.从1回到1

（1 + 2）÷ 3 = 1

1 × 2 + 3 − 4 = 1

[（1 + 2）× 3 − 4] ÷ 5 = 1

（1 × 2 + 3 − 4 + 5）÷ 6 = 1

$$\{[(1+2) \times 3-4] \div 5+6\} \div 7 = 1$$
$$[(1+2) \div 3 \times 4+5+6-7] \div 8 = 1$$
$$(1 \times 2 + 3 + 4 - 5 + 6 + 7 - 8) \div 9 = 1$$

125.旧纸片

根据题目条件，在每一个"●"号的地方只能填2、3、5或7。由于式中第三、四行都是四位数，因此首先要求一个三位数和一个一位数，使其乘积是一个四位数，并且在被乘数、乘数及乘积中只能出现上面的4个数字。经过推算，只有以下4种可能：775 × 3 = 2325，555 × 5 = 2775，755 × 5 = 3775及325 × 7 = 2275。

在上面这4种情形中，被乘数都不相同，因此，要满足题中的条件，乘数只能是两个数字相同的两位数，即只能是以下4种情况：775 × 33，555 × 55，755 × 55，325 × 77。

在这4种情形中，能使所得的数的数字都是质数的只有第一种情况，因此古旧纸片上的算式只能是：

```
          7  7  5
   ×)        3  3
   ─────────────────
       2  3  2  5
    2  3  2  5
   ─────────────────
    2  5  5  7  5
```

126.3颗五角星

缺的是5。

在每个星星中，把星星角上的偶数相加，再把奇数相加，偶数和与奇数和相减就是中间的数字。

127.寻找3个数

这3个数是5、7、9。

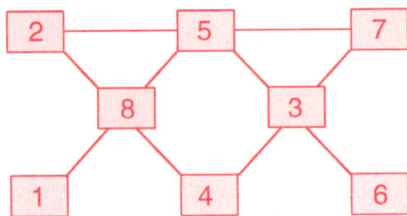

$$⑤+⑦+⑨+1+8=30$$
$$⑤×⑦×⑨×1×8=2520$$

128.智力八方格

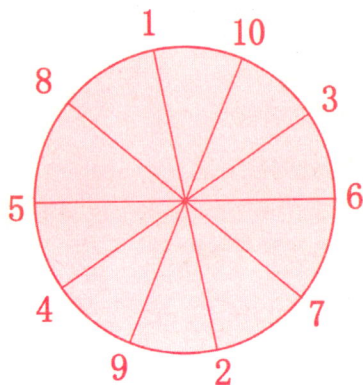

129.变换数字

130.算车牌号

假设原来车牌上的数字为ABCDE，倒着看的数是PQRST。可列式，需要注意的是倒过来以后数字的顺序，A倒着看为T，B则为S，依此类推。

另外，我们必须清楚的是，在阿拉伯数字中，只有5个数倒看可以成为数字：0，1，6，8，9，其他的不可以，因此以上假设的字母只能在这5个数字的范围内。

先看E，E＋3＝T。在同范围内，E、T两数有可能为（0，3），（1，4），（6，9），（8，1），（9，2）几组数中的（6，9），（8，1）两组。显然T为9的话，A＋7＞10不合题意，所以推出E＝8，T＝1，A＝1。

同样，我们可以用这个办法推出D＝6，S＝0，最后推出每个字母，得出这个车牌是10968。

```
  A B C D E          1 0 9 6 8
+ 7 8 6 3 3        + 7 8 6 3 3
—————————          —————————
  P Q R S T          8 9 6 0 1
```

131.数字迷阵

6。

把整个图形分成相等的4个部分，每部分都包含一个3×3的圆形。当你顺时针方向移动时，相同位置的数字每次都会加上1。

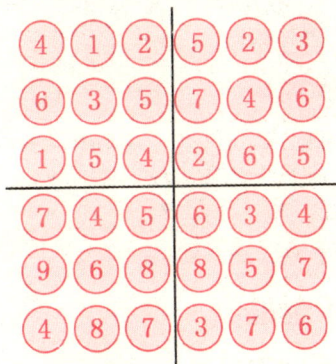

132.奇怪的等式

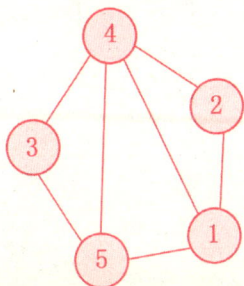

1＝11

2＝5

3＝9

4＝11

5＝8

133.重叠的部分

25，28，27，24，26。

134.合适的数

6。

最后一行是上两行的平均数。

135.填字母

MH。

由AZ开始，沿顺时针方向，跳至与其相隔的栏内。每一个字母由A开始，每次跳至与之相隔为一位的字母；第二个字母由Z开始，每次跳至按字母表倒序排列的与之相隔两位的字母。

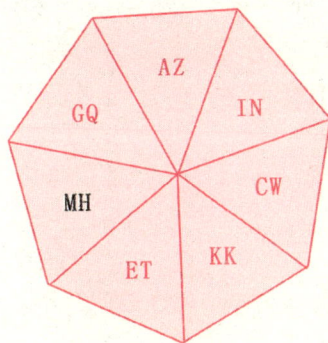

136.八一晚会

根据题目已知条件，"每条线上的3个数之和等于81"，则9个连续自然数之和必定等于81的3倍。

设这9个连续自然数中的第一个数为x，则第二个数是x＋1，第三个数是x＋2，第四个数是x＋3，第五个数是x＋4，第六个数是x＋5，第七个数是x＋6，第八个数是x＋7，第九个数是x＋8。列方程得

$$[x＋(x＋1)＋(x＋2)＋(x＋3)＋(x＋4)＋(x＋5)＋(x＋6)＋(x＋7)＋(x＋8)]÷3＝81$$

$$x＝23$$

即这9个连续的自然数分别是：23，24，25，26，27，28，29，30，31。

把这9个数按要求填入格内即可：

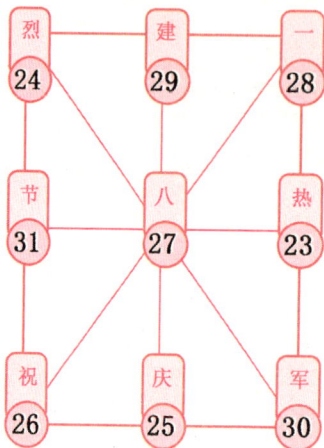

137.圆圈等式

$$9 - 5 = 4$$
$$6 \div 3 = 2$$
$$1 + 7 = 8$$

138.删除4个数

删掉4个数后，图形如下：

✕	28	21	21
42	✕	14	14
21	14	✕	35
7	28	35	✕

139.填不等式

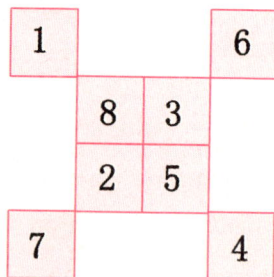

140.8个方格

1			6
	8	3	
	2	5	
7			4

141.调换位置

按下列顺序，把棋子移到相邻的空格中，就可以得到结果：兵、卒、炮、兵、车、马、兵、炮、卒、车、炮、兵、马、炮、车、卒、兵，总共要推动17次。

142.镜子里的数

18和81，29和92。

假设这个数是ab，那么镜子中的数字为ba。根据条件，不管大小，$ba - ab =（10b + a）-（10a + b）= 9b - 9a = 63$，即$b - a = 7$，又知a和b是10以内的正整数，则得出其取值为：8和1以及9和2两组。如此，可以得出结论。

143.滚动的台球

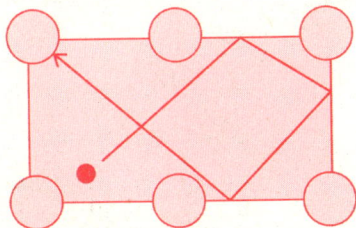

144.布置花池

按照下图布置花池，就能将25盆花分别摆在12条直线上，且每条直线上均有5盆花。

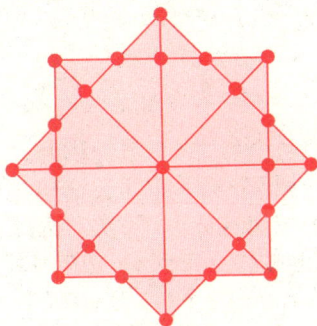

145.三角形中的字母

按照26个字母的排列顺序，第一个三角形中的3个字母间隔一位，第二个三角形中的3个字母间隔两位，第三个三角形中的3个字母间隔为3。

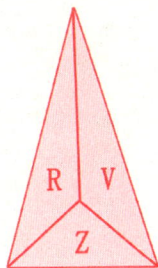

146.圆与三角形

3。三角形里的数字等于它3个角上的数字乘积，所以问号处应填3。

147.聪明的士兵

从东路进攻为7240人，从西路进攻为6760人，总兵力14000人。

第一步，根据图得知Q＋Q＝Q，故Q＝0。而A一定等于1。

第二步，同理推出：W＋F＝10，T＋E＋1＝10，E＋F＋1＝10＋W。即得出3个式子：

（1）W＋F＝10

（2）T＋E＝9

（3）E＋F＝9＋W

可以推出2W＝E＋1，所以E是单数。W＝5－T/2，T为偶数。

根据（2），得出E和T分别为：7和2、5和4、3和6。

根据（1），得出W和F为：8和2、6和4、3和7。

根据（3），E＋F＞9。

根据题意，得知，E＞F，

综合以上条件，当E为7时，T为2，W为4，F为6，不矛盾。可以看看别的假设。

当E为5时，T为4，W为3，而F为7，不符合E＞F的条件。

当E为3时，T为6，W为2，而F为8，不符合E＞F的条件。

故推出结论。

$$
\begin{array}{r}
7\ 2\ 4\ 0 \\
+\ 6\ 7\ 6\ 0 \\
\hline
1\ 4\ 0\ 0\ 0
\end{array}
$$

148.巡视图书馆

管理员巡视路线如下：

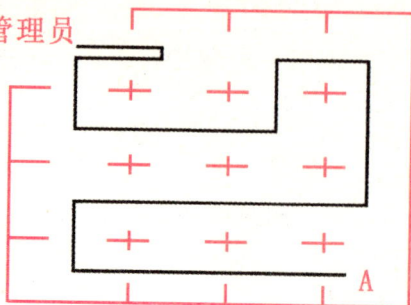

管理员

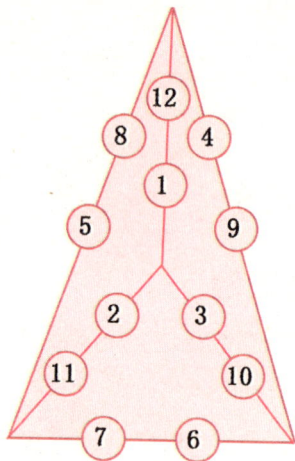

13，从而就可以把数字填入12个圆圈中。

149.还原数字

因为abcd×9＝dcba，所以9a＝d，所以a只能等于1，d等于9。

因此，可列竖式

$$
\begin{array}{r}
1\ b\ c\ 9 \\
\times)\qquad\ 9 \\
\hline
9\ c\ b\ 1
\end{array}
$$

当b大于等于1时，公式明显不可能成立，所以b只能等于0。

b＝0，则c×9的个位数要等于2才能与9×9＝81里的8相加得0，所以c＝8。因此，a＝1，b＝0，c＝8，d＝9。

150.填数

由于图中共有6条线段（每条线段都要填两个数），而4个三角形各有3条边，4×3＝12，可知在计算三角形三边数字之和时，每条线段都加过两次，也就是说每个数都加过两次。而1＋2＋3＋4＋5＋6＋7＋8＋9＋10＋11＋12＝78，故4个三角形的全部数字之和加起来为2×78＝156。从而可确定每个三角形的三边6个数字之和为156÷4＝39，每条边上两个数字之和为13。

由于（1＋12）＝（2＋11）＝（3＋10）＝（4＋9）＝（5＋8）＝（6＋7）＝

151.有趣的正方体

在计算各个面上4个数的和时，顶点上的数总是分属3个不同的面，这样，每个顶点上的数都被重复计算了3次。因此，各个面上4个数的和为1～8这8个数的和的3倍，即（1＋2＋3＋…＋8）×3＝108。又因为正方体有6个面，也就是每个面上的4个数的和应是108÷6＝18。18应是我们填数的标准。

如果在前面上填入1、7、2、8（如图所示），那么右侧面上已有2、8，其余两顶点只能填3、5。依此类推，就可以将问题解决。

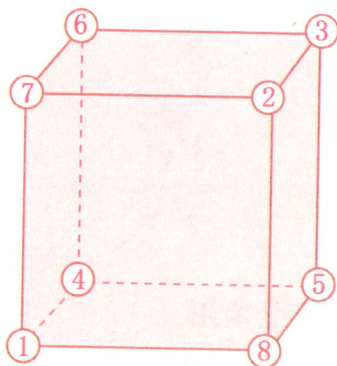

第四部分　趣味几何

152.连接小圆

　　小明是个爱学习的孩子。一天晚上，爸爸在纸上画了6个小圆，对他说："你看，现在要把3个小圆连成一条直线，只能连出两条直线。那么，你擦掉一个小圆，把它画在其他的地方，以便连出4条直线，让每条直线上都有3个小圆。"小明想了想，很快就按照爸爸的要求画出了图形。

　　小朋友，你知道小明是怎样画的吗？

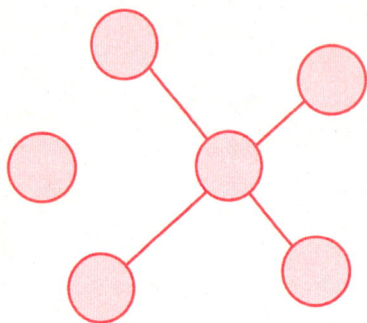

153.横截圆柱体

　　圆柱体的高是1.5分米，把它横截成两个小圆柱体后，表面积增加了1.6平方分米。那么，这个圆柱体原来的体积是多少呢？

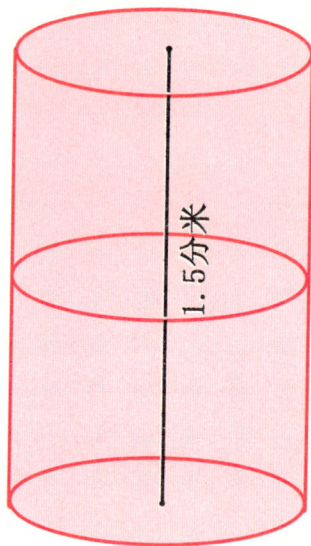

1.5分米

154.改羊圈

　　著名的数学家欧拉在数学领域取得了很多成就。但是，他在小时候却一点也不讨老师的喜欢，还曾被学校开除。

　　他回家后，就成了一个牧童，负责帮爸爸放羊。爸爸的羊越来越多，原来的羊圈显得有些小了，爸爸打算修建一个新的羊圈。他就用尺子量出了一块长40米、宽15米的长方形土地，一算，面积刚好是600平方米。但当一切准备就绪的时候，他却发现这些材料根本不够用，只够围100米的篱笆。如果把羊圈围成长40米、宽15米，其周长将是110米。父亲感到左右为难，如果按照原计划修建，就要再添10米长的材料；要是缩小面积，每头羊的平均居住面积就会减少。

　　小欧拉对父亲说，不用缩小羊圈，也不用担心每只羊占用的面积会变小，他有办法解决这个问题。开始，父亲认为他是在吹牛，但经不住小欧拉的再三要求，终于同意让他去试试。

　　欧拉很快就将他的设计方案写了出来。父亲照着小欧拉设计的羊圈扎上了篱笆，长100米的篱笆，不多不少，正好用完，面积也足够了，而且比预想的还要稍微大一些。

　　小朋友，你知道小欧拉是怎样做到的吗？

155.走小路

从A点到B点，中间隔着一个小花坛，花坛的两边有两条小路（如图所示）。小明和小刚同时从A点出发，小明走左侧的小路，小刚走右侧的小路，他们行走的速度相同，那么，他们二人谁会先到达B点呢？

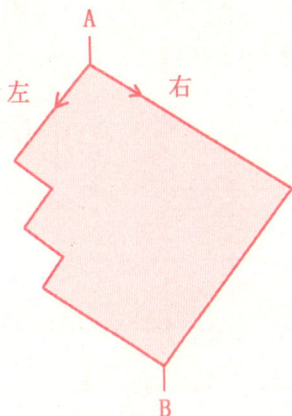

156.狮口脱险

一头饥饿的狮子正在紧追一只小狗。就在狮子快要将小狗抓住的时候，小狗逃到了一个圆形的池塘旁边。小狗连忙纵身往水里跳，狮子扑了个空。狮子舍不得这顿即将到口的美餐，于是盯住小狗，在池边跟着小狗一起跑，打算在小狗爬上岸时抓住它。已知狮子奔跑的速度是小狗游泳速度的2.5倍，那么，小狗有没有办法成功逃脱呢？

157.拼图形

下面的图形剪两刀后，能拼成一个正方形。小朋友，你知道该如何剪才能拼成一个正方形吗？

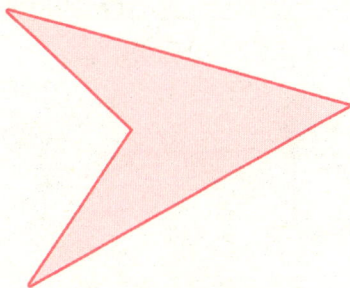

158.连接五角星

下面是4颗随意摆放的五角星，你能用一个正方形将它们连在一起吗？

159.剪正方形

看下面的不规则图形，你能将它剪两刀，拼成一个正方形吗？

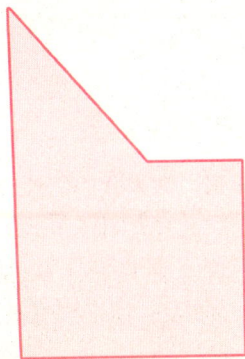

160. 扩建鱼池

下图是一个正方形的鱼池。鱼池的4个角分别种了一棵树。现在，要扩建这个鱼池，使它的面积增加一倍，但要求仍然是正方形，而又不移动这4棵树的位置，你知道该怎样扩建这个鱼池吗？

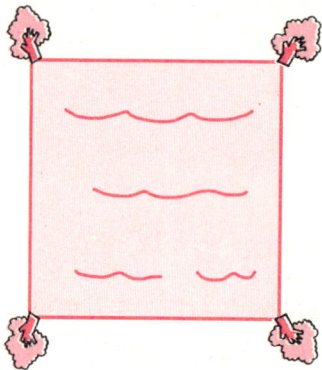

161. 内部对角线

下面是一本厚厚的字典，尺寸如下图所示。请问，如果想知道字典内部斜面的对角线XY的长度，应该怎么计算呢？

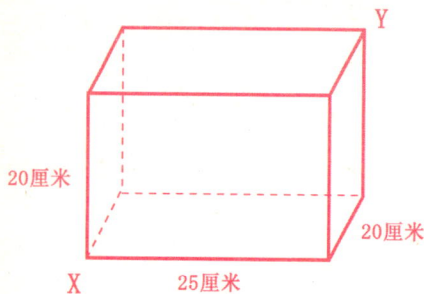

Y

20厘米

20厘米

X   25厘米

162. 涂魔方

下图是没有涂颜色的正方体魔方，边长为4厘米。我们要在它的表面涂上颜色，然后切成边长为1厘米的小立方体木块。那么，没有被涂上颜色的有多少呢？

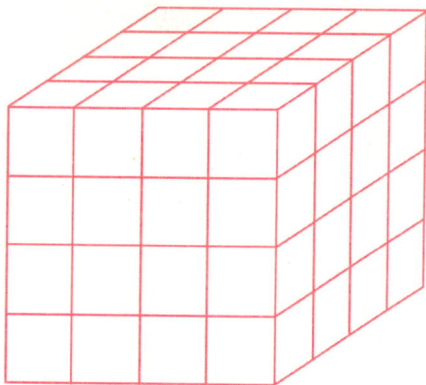

163. 蜗牛比速度

两只蜗牛以相同的速度同时从A点出发向B点爬行（如图所示），一只沿着大圆弧爬，另一只沿3个小圆弧爬。你知道哪一只蜗牛会先爬到B点吗？

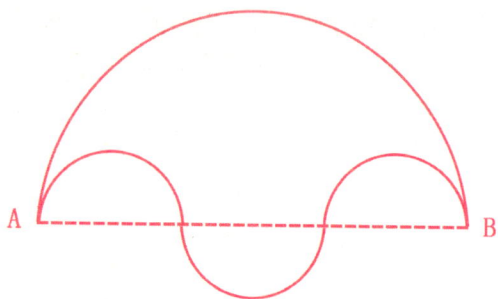

A   B

164. 切西瓜

小志家里来了客人，妈妈让他切西瓜给客人吃。正当小志拿刀切西瓜的时候，客人叫住了他，并给他出了一个难题：用刀切西瓜，只能切3下，但要切出7块西瓜和8块皮。小志怎么想也不知道该如何切。小朋友，你来帮小志切这个西瓜吧！

165. 足球比赛

有5支足球队参加足球比赛，他们分别是A、B、C、D、E。到现在为止，A队赛了4场，B队赛了3场，C队赛了2场，D队赛了1场。那么E队赛了几场？

166. 壁虎捕虫

一只壁虎在一个油罐桶的底边A处。它发现在自己的正上方，即油罐上边缘的B处有一只害虫。壁虎决定抓住这只害虫作为自己的午餐。为了不让害虫注意到自己，它故意不走直线，而是绕着油罐，沿着一条螺旋路线从背后突袭害虫。最终，壁虎成功了。

壁虎沿着螺旋线至少要爬行多少米才能捕到害虫呢？

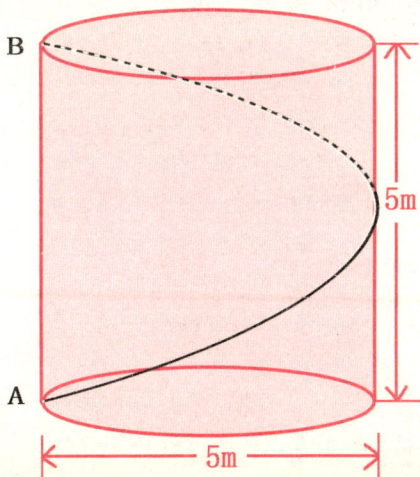

167. 挖去的面

下图是一个正方体木块。现在，在它的每个面上挖出一个小的正方体木块。这个正方体的面会增加多少呢？

168. 连线

请你用6条相连的直线把图中的16个点连接起来。

169. 重叠部分的面积

下面是两个部分重叠的正三角形，图中的数字为长度之比，并且两个正三角形的面积之差为48平方厘米。现在，你来算一下重叠部分的面积。

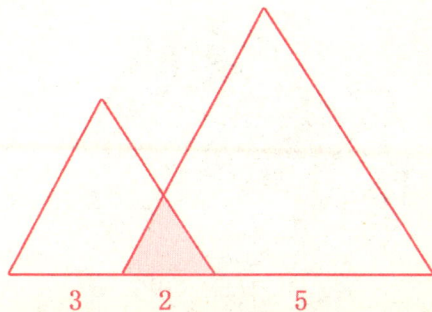

170. 缺失的方砖

下图是一个残损的地面，空白处表示的是所缺的方砖数。如果每块方砖的面积是4平方分米，那么，所缺方砖的面积是多少？

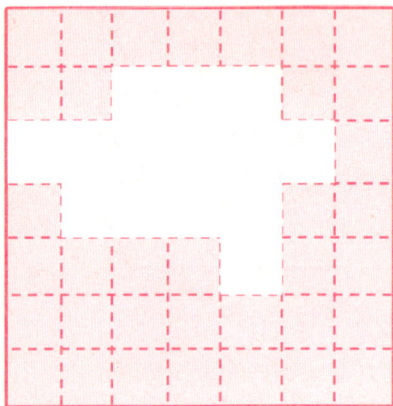

171. 两个空隙

我们都知道，地球的半径大约有6370公里，而乒乓球的半径只有一两厘米。论体积，两者相差太大了。现在设想一下，用铁丝沿着赤道把地球捆起来，然后将铁丝剪断，并把长度增加米。铁丝加长后，绕成的圆与地球赤道之间就会出现空隙。那么，这个空隙有多大呢？

如果铁丝捆的不是地球而是一个乒乓球，也同样剪断加长1米，那么铁丝加长后绕成的圆与乒乓球之间也会出现空隙。

请问，这两个空隙哪个更大呢？

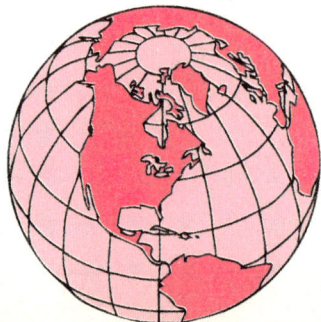

172. 巧分等面积图形

下面是一个由13个小正方形组成的图形。每个小正方形的边长等于一个单位。通过 A点作一条直线，把图形分成面积相等的两部分，并使线段的长度是有理数。作图时只能用圆规和直尺。你能分出来吗？

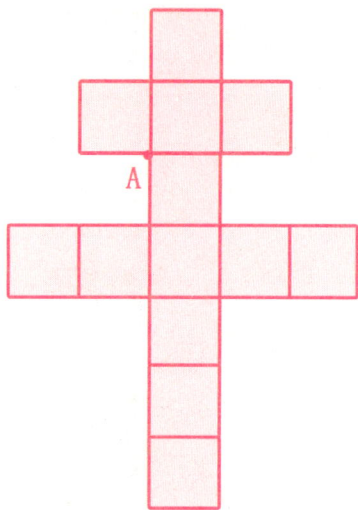

173. 正方体图形

下图是一个由19个小正方体组成的立体图形，边长是2厘米。现在，你来算一下这个立体图形的表面积是多少。

174.巧增三角形

下图是3根交叉的线，你能不能在这个基础上增加两条直线，使三角形的数量由一个变成10个？

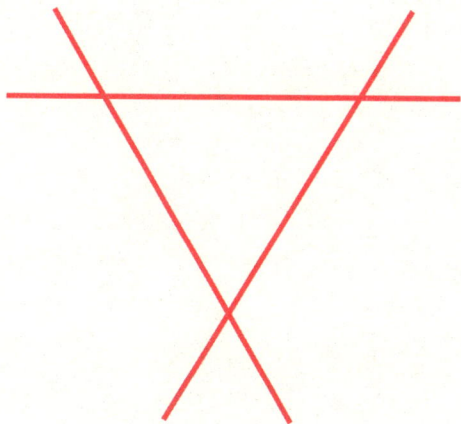

175.木块穿孔

下图是一个正方体木块，棱长为4厘米，在它的上面、前面、右面的中心向对面各打一个边长为2厘米的方孔。求穿孔后木块的体积。

176.等分5个圆

下面是由5个大小相等的圆组成的图形。P点是最左侧的圆心，你能通过P点作一条直线，二等分这5个圆的总面积吗？

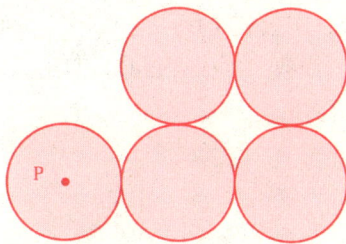

177.一朵莲花

古印度数学家巴托斯的习题集《体系的花冠》中，有这样一个问题：一朵莲花的尖端在池塘水面以上4尺，它被风吹倒了，在距离原来站立的地方16尺处从水面消失。问题是，这个池塘有多深呢？

178.巧拼图形

已知，有长度分别为1、2、3、4、5、6、7、8、9厘米的木棍各1根。现在用这些木棍去拼成图形。

请问：

（1）可以拼成多少个正方形？

（2）可以拼成多少个等边三角形？

179. 分圆

试试看，用6条直线把一个圆分成最多的份数。如图所示，图中的圆被分成了16份。但是，这种分法不是最多的份数。能分的最多的份数，由公式（n×2+n+2）/2确定，其中n是割线数。（在解题时，力求做到直线位置的对称性。）

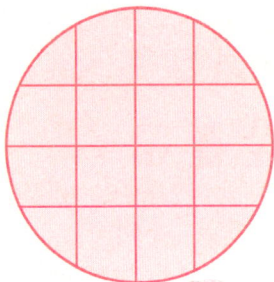

180. 折叠白纸

有一张长方形白纸，把它按照下图的方法折叠后，求出角x的度数。

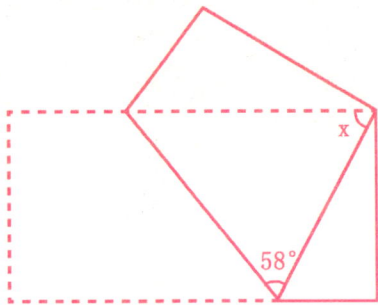

181. 阴影的面积

E、F分别表示长方形的宽和长的中点。现在，要求不用计算，就能说出阴影部分的面积占长方形面积的几分之几，你能做到吗？

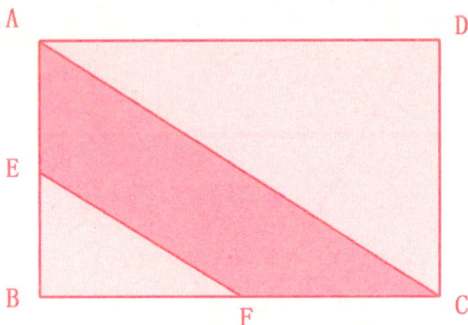

182. 切盒子

下图是一个正方体的盒子，现在将盒子的每个顶点处切掉一块，切掉的部分的大小一样，如下图所示，得到了一个新的立体图形。那么，这个图形共有多少条棱呢？

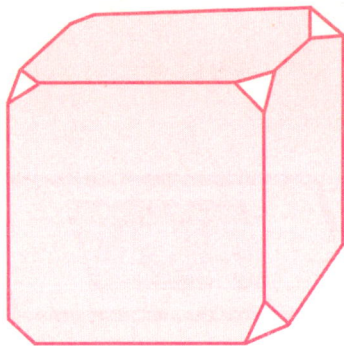

183. 测量金字塔

埃及金字塔是世界七大奇迹之一，其中最高的是胡夫金字塔，它的壮观和神秘吸引了许多人的目光。它的底长230.6米，由230万块平均重达2.5吨的巨石堆砌而成，金字塔的塔身是斜着的，即使有人爬到塔顶，也没有办法测量出它的高度。后来，这个难题被一个数学家解决了。小朋友，你知道应该怎样测量吗？

184.切蛋糕

今天是小华10岁的生日，爸爸妈妈买了个大蛋糕为他庆祝生日。为了考考儿子，爸爸给小华出了道题，要求他在切蛋糕时，只用3刀就把蛋糕切成形状相同、大小一样的8块，而且不能变换蛋糕的位置。小华想了想，很快就想出了办法。小朋友，你知道小华是怎么切的吗？

185.多条线路

王红家住在A处，李伟家住在F处（如下图所示）。现在，王红要去李伟家，他行进中的每一个路口、每一条街道只允许经过一次，那么，王红从自己家到李伟家，总共有多少种不同的路线呢？

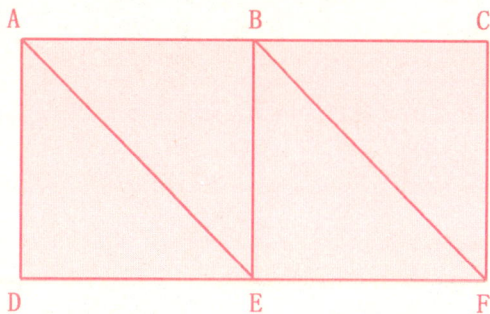

186.人造卫星

4颗人造地球卫星在各自的轨道上运行。在某一个时间点，测出每一颗人造卫星和其他3颗人造卫星的距离都相等。请你画出这个时间点的4颗人造地球卫星的位置。

187.架桥

一条大河的宽为100米，在河岸的两边有A、B两点，AB两点的垂直距离为300米（如图所示）。请问，现在某建筑队要在这条河上架一座桥，要求从A到B走的距离最短，河的宽度是一定的，也不允许斜着架桥。那么，该怎样架桥呢？

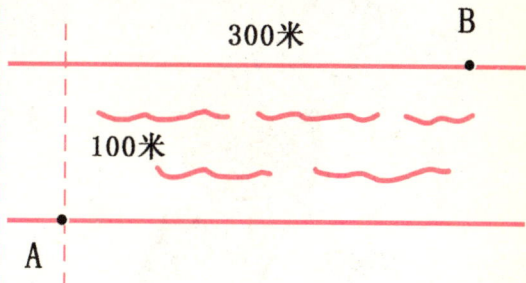

188.贪婪的巴河姆

有一个名叫巴河姆的人，到一个陌生的地方去购买土地。卖地的人提出了一个非常奇怪的地价："谁出1000卢布，那么他从日出到日落走过的路所围成的土地都归他；不过，如果在日落之前，买地人回不到原来的出发点，那他就只好白出1000卢布，而且一点土地也得不到。"

巴河姆觉得有利可图，于是他付了1000卢布，等第二天太阳刚刚升起，就连忙在这块土地上大步向前走去。他走了足足有10公里路，这才朝左拐弯；接着又走了很长时间，才再向左拐弯；这样又走了两公里。这时，他发现天色已晚，夜幕即将降临，而自己离清晨出发点却还有15公里的路程，于是他只能改变方向，径直朝出发点拼命跑去。经过一番努力，最后巴河姆总算在日落之前赶回了出发点。可是他还没有停稳，就两腿一软，倒在地上累死了。

请问，巴河姆这天一共走了多少路？他走过的路所围成的土地有多大呢？

参考答案

152.连接小圆

小明的办法是把左边的小圆圈移到极远的右方，如下图所示：

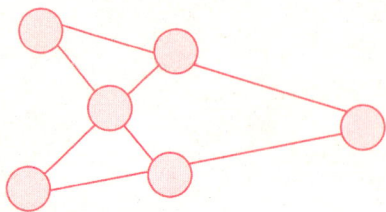

153.横截圆柱体

横截成两个小圆柱体，表面积实际增加了两个底面的面积。由此可求出原来圆柱体的底面积，进而可求出它的体积：1.6 ÷ 2 × 1.5 = 1.2（立方分米）

那么，原来的圆柱体体积是1.2立方分米。

154.改羊圈

将原来15米的边长延长到了25米，又将原来的40米边长缩短到25米。这样，原来计划中的羊圈变成了一个边长为25米的正方形。

155.走小路

他们两人同时到达B点。

如图所示，左边线路的各分段距离之和，正好等于右边线路的距离。

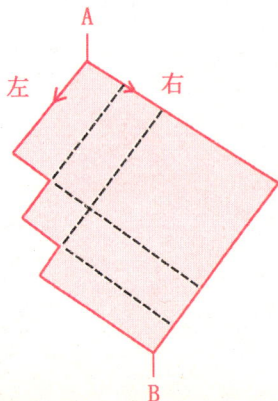

156.狮口脱险

如果小狗在圆形池塘中沿着圆周游，那么不管它游到哪里，都会被狮子牢牢地盯住。

如果小狗跳下池塘后就沿着直径笔直地往前游，那么狮子就要跑半个圆周。由于半圆周长是直径的 π ÷ 2 ≈ 1.57倍，而狮子的速度是小狗的2.5倍，因此，小狗还是逃脱不了被狮子抓住的命运。

所以，小狗要能逃出狮口，就必须利用狮子沿着圆周跑这个特点，在跳下池塘后就游向圆形池塘的圆心。到达圆心后，看准狮子当时所在的位置例如P，马上沿着和狮子连线的相反方向游去。这时，小狗要上岸（B点）只需游池塘的半径的长，而狮子要跑的距离仍是半个圆周长，也就是半径的 π（约3.14）倍长。可是狮子的速度仅为小狗游水速度的2.5倍，这样当狮子跑到时，小狗已经上岸，并早已逃掉了。

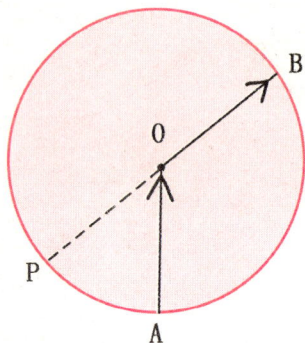

157.拼图形

如下图，按虚线剪开。

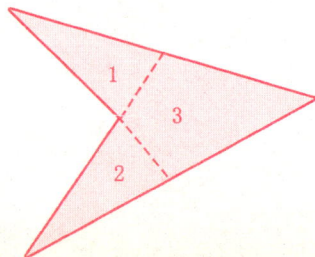

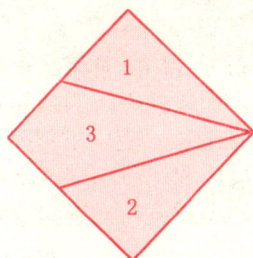

158.连接五角星

如下图所示，这4颗五角星连在正方形的3条边上。

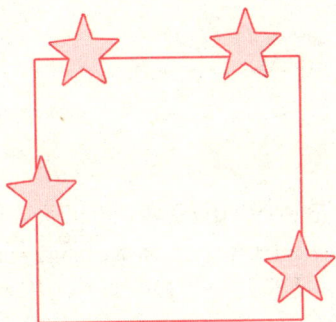

159.剪正方形

按虚线剪开。

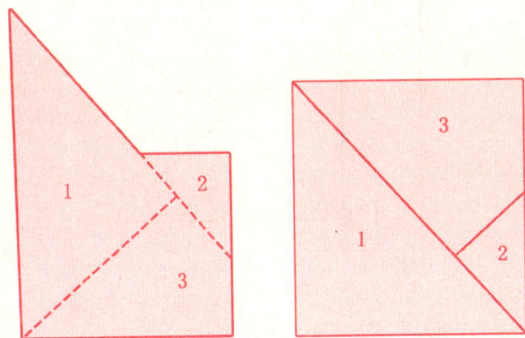

160.扩建鱼池

扩建方案如图所示：

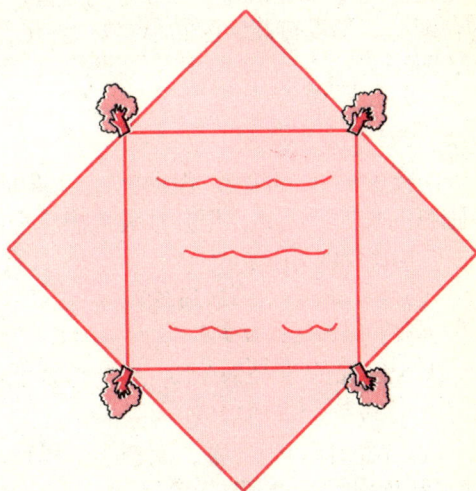

161.内部对角线

如下图所示，在Y点处垂直立一根长20厘米的小棍YB，量一下AB就行了。因为ABYX连接起来正好是平行四边形，所以AB＝XY。

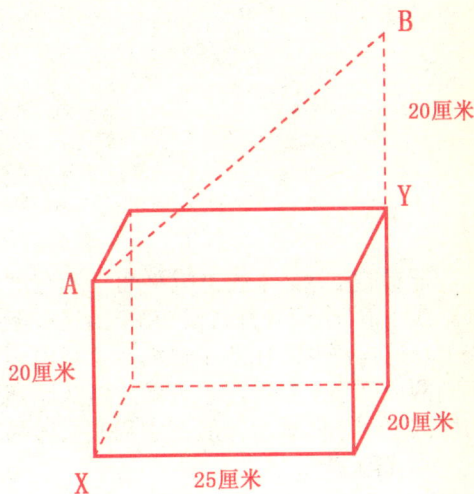

162.涂魔方

8个。将边长为4cm 的正方体切成边长为1厘米的小立方体共可以切成4×4×4＝64个。三面均涂色的有8个；两面涂色的上下前后左右各4个，共计24个；一面涂色的上下前

后左右各4个，共计24个；故至少有一面涂色的有56个，那没有被涂色的小立方体有64－56，即8个。

163.蜗牛比速度

由题意可知，此题就是比较大圆弧和3个小圆弧的长短，因此，想办法表示出它们的长度，再比较就可以了。

我们可以设小半圆弧直径为d，那么3个小半圆弧的总长是：$\pi d/2 \times 3 = (3\pi d)/2$

大半圆弧的直径为3d，它的长度是：$(\pi \times 3d)/2 = (3\pi d)/2$

从上面的计算结果看，两条路一样长。所以两只蜗牛会同时到达B点。

164.切西瓜

只要按照下面图形的3条直线切就行了。

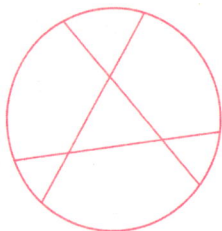

165.足球比赛

把参赛的5支球队看成平面上不在同一条直线上的5个点，并且没有3个点在一条直线上。这样每两队比赛了一场，就可以用相应的两点间连一条线段来表示。各队比赛过的场次可用下图表示。从图中我们很容易看出，E队赛了2场。

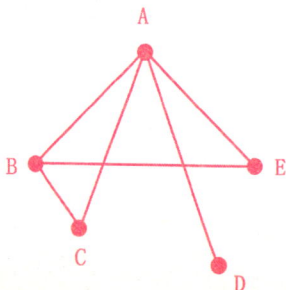

166.壁虎捕虫

把油罐沿着母线切割开来，再摊平，就成为一个矩形，而壁虎爬行的路程就是这个矩形的对角线AB的长。应用求圆周长公式及勾股定理，可很快地计算出壁虎爬行的路程为16.48米。它是壁虎绕着油罐到达害虫的最短路线。

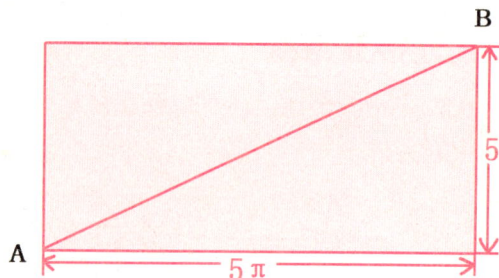

167.挖去的面

挖去一个小正方体就增加5个小正方形的面，一共挖去6个小正方体，那么表面小正方形的面会增加5×6＝30（个）。

168.连线

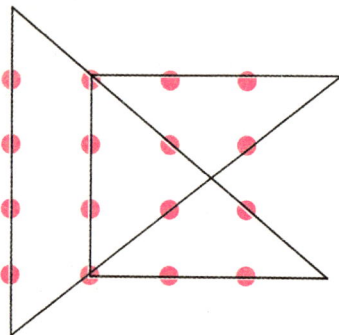

169.重叠部分的面积

8平方厘米。正三角形的面积比等于边长的平方比，根据题图，大的正三角形与小的正三角形边长比为7∶5。那二者的面积比为49∶25，二者面积相差24份。已知二者面积差为48平方厘米，那一份相当于2平方厘米。

如此，就可以算出，小三角形面积为50平方厘米。同理，小三角形的边长与阴影三角形的边长比为5∶2，那面积比为25∶4。从而算出阴影部分面积为8平方厘米。

170.缺失的方砖

求缺少方砖的面积，必须知道缺少方砖的块数。

未缺少方砖的块数：$7 \times 3 + 4 + 1 + 3 + 6 = 35$（块）

缺少方砖的块数：$7 \times 7 - 35 = 49 - 35 = 14$（块）

缺少方砖的面积：$14 \times 4 = 56$（平方分米）

171.两个空隙

设铁丝加长后绕成的圆半径是R米，地球赤道半径是r米，空隙则为

$R - r = (2\pi r + 1)/2\pi - r$

$= (2 \times 3.14r + 1)/2 \times 3.14 - r$

$= 6.28r/6.28 + 1/6.28 - r$

$= r + 1/6.28 - r = 15.9$（厘米）

根据同样的解法，可知铁丝圆周与乒乓球之间的空隙也是15.9厘米。这说明，不论相差多大的两个圆，若分别对其周长增加或减少相同的长度，所形成的空隙是相同的。

172.巧分等面积图形

过C点作平行于AD的辅助线BC（C点是正方形S下面一条边的中点），那么三角形ADC的面积是矩形ABCD面积的一半。因为AB = 1.5；AD = 2，所以ABCD的面积等于3。这样，三角形ADC的面积等于1.5个正方形。编上号码的正方形，再加上三角形ADC，正好是总面积的一半（6.5个正方形）。

直线AC过A点把原来的图形分成面积相等的两部分。

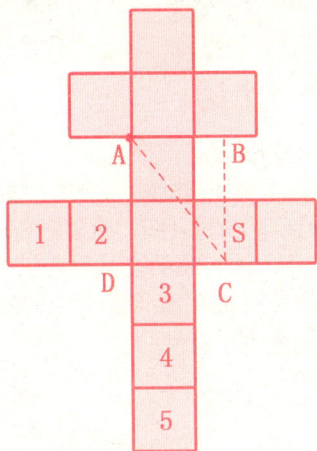

173.正方体图形

要求它的表面积，实际是数清楚它露在外面有多少个小正方形的面，再计算出这些面的总面积。上下各有9个小正方形的面，前后各有10个小正方形的面；左右各有8个小正方形的面。那么，大立方体表面包含小正方形面的个数是$9 \times 2 + 10 \times 2 + 8 \times 2 = 54$（个）。则大立方体的表面积是$2 \times 2 \times 54 = 216$（平方厘米）。

174.巧增三角形

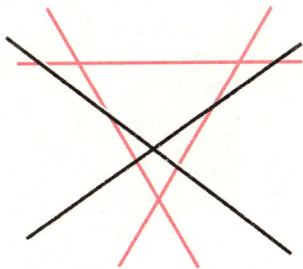

175.木块穿孔

打一个孔去掉的体积：$2 \times 2 \times 4 = 16$（立方厘米）

打3个孔去掉的体积：$16 \times 3 - 2 \times 2 \times 2 \times 2 = 32$（立方厘米）

打孔后木块的体积：$4 \times 4 \times 4 - 32 = 32$（立方厘米）

176.等分5个圆

要等分这5个圆，首先要做出一个补充圆（如下图用虚线表示的圆）。透过联结P与补充圆的圆心O所成的直线，就能把6个圆的面积二等分，5个圆的面积也就随之二等分了。用此方法还可将由7个、9个圆组成的这种形式的圆形二等分。

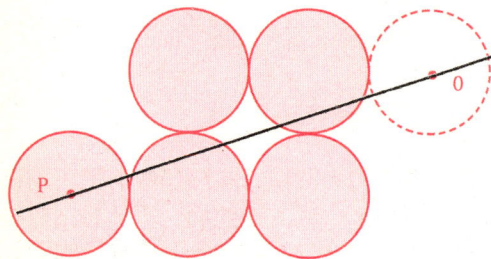

177.一朵莲花

用勾股定理解答这个问题（如图）：

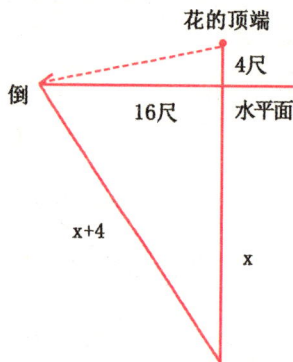

设水深为x，则两个直角边长便是x和16。因为水上还露4尺，所以斜边应是x + 4。根据勾股定理可列方程式如下：

$$x^2 + 16^2 = (x + 4)^2$$

$$x = 30（尺）$$

即水深30尺。

178.巧拼图形

正方形有9个，等边三角形有53个。我们采用枚举法。先限制下条件范围，这些木棍加起来的总长度为45厘米，显然拼成正方形边长最长为11，拼成等边三角形边长最长为15厘米。

正方形：

边长为11厘米的有1个（即9 + 2，8 + 3，7 + 4，6 + 5）；边长为10厘米的有1个（即9 + 1，8 + 2，7 + 3，6 + 4）；边长为9厘米的有5个（即9，8 + 1，7 + 2，6 + 3；9，8 + 1，7 + 2，5 + 4；9，8 + 1，6 + 3，5 + 4；9，7 + 2，6 + 3，5 + 4；8 + 1，7 + 2，6 + 3，5 + 4）；边长为8厘米的有1个（即8，7 + 1，6 + 2，5）；边长为7厘米的有1个（即7，6 + 1，5 + 2，4 + 3）。总计9个。

等边三角形：

边长为15厘米的有1个（即9 + 6，8 + 7，5 + 4 + 3 + 2 + 1）；边长为14厘米的有2个（即9 + 5，8 + 6，7 + 4 + 3），（9 + 5，8 + 6，7 + 4 + 2 + 1）；边长为13厘米的有5个（即9 + 4，8 + 5，7 + 6；9 + 3 + 1，8 + 5，7 + 6；9 + 4，8 + 3 + 2，7 + 6；9 + 4，8 + 5，7 + 3 + 2 + 1；9 + 3 + 1，8 + 5，7 + 4 + 2）；边长为12厘米的有7个（即9 + 3，8 + 4，7 + 5；9 + 2 + 1，8 + 4，7 + 5；6 + 3 + 2 + 1，8 + 4，7 + 5；9 + 3，6 + 2 + 4，7 + 5；8 + 1 + 3，6 + 2 + 4，7 + 5；9 + 3，8 + 4，6 + 1 + 5；7 + 2 + 3，8 + 4，6 + 1 + 5）；边长为11厘米的有8个（即9 + 2，8 + 3，7 + 4；9 + 2，8 + 3，6 + 1 + 4；9 + 2，8 + 3，6 + 5；9 + 2，8 + 3，7 + 1 + 5；9 + 2，7 + 4，6 + 5；8 + 1 + 2，7 + 4，6 + 5；8 + 3，7 + 4，6 + 5；8 + 2 + 1，7 + 4，6 + 5）；边长为10厘米的有6个（即9 + 1，8 + 2，7 + 3；9 + 1，8 + 2，6 + 4；9 + 1，7 + 3，6 + 4；8 + 2，7 + 3，6 + 4；5 + 4 + 1，8 + 2，7 + 3；9 + 1，5 + 3 + 2，6 + 4）；边长为9厘米的有14个，（9，8 + 1，7 + 2；9，8 + 1，5 + 4；9，8 + 1，6 + 3；9，7 + 2，6 + 3；9，7 + 2，5 + 4；9，6 + 3，5 + 4；8 + 1，7 + 2，6 + 3；8 +

1，7＋2，5＋4；8＋1，6＋3，5＋4；7＋2，6＋3，5＋4；9，5＋3＋1，7＋2；9，8＋1，4＋3＋2；9，8＋1，3＋2＋4；9，6＋2＋1，5＋4）；边长为8厘米的有4个（即8，7＋1，6＋2；8，7＋1，5＋3；8，6＋2，5＋3；7＋1，6＋2，5＋3）；边长为7厘米的有4个（即7，6＋1，5＋2；7，6＋1，4＋3；7，5＋2，4＋3；6＋1，5＋2，4＋3）；边长为6厘米的有1个（即6，5＋1，4＋2）；边长为5厘米的有1个（即5，4＋1，3＋2）。共计53个。

179.分圆

为了能够把圆分成最大的份数，应该使每一条直线与其余所有直线相交，并且不在同一点上与第三条直线相交。

其中一种解法如图所示。

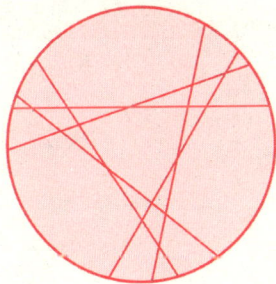

180.折叠白纸

如下图所示，纸张的折叠角也是58°，而根据平行线内错角定理可知，另一个角也是58°。所以，我们很快可以求出x＝180°－58°×2＝64°。

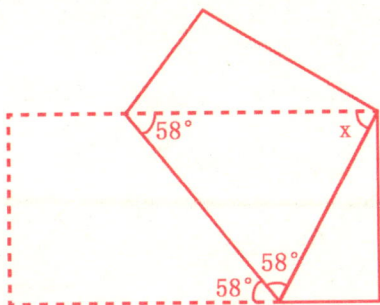

181.阴影的面积

可以在对角线AC上取中点G，连接EG、FG，则有△ABC被四等分，阴影部分占△ABC的3/4，则占长方形的3/8。

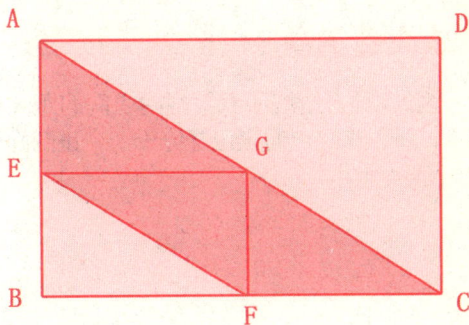

182.切盒子

正方体原有12条棱，每切掉一块就增加3条棱，每个顶点处都切掉一块，一共切掉8块。由此可推算出棱的条数：12＋3×8＝12＋24＝36（条）。所以，这个图形共有36条棱。

183.测量金字塔

数学家挑了一个晴朗的日子，从中午一直等到下午，当太阳的光线给每个人和金字塔投下长影时，就开始行动，在测量者的影子和身高相等的时候，将金字塔阴影的长度测量出来，这就是金字塔的高度，因为测量者的影子和身高相等的时候，太阳光射向地面的角度正好是45°。

184.切蛋糕

切法如下：

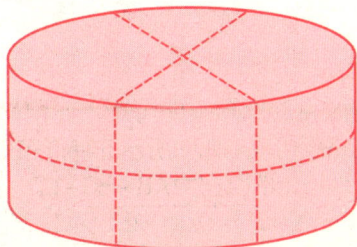

185.多条线路

9种。

AB开始有3种、AE开始有3种、AD开始有3种，所以总共有9种路线。

186.人造卫星

因为4颗人造地球卫星两两之间的距离都相等，所以这时它们应正好位于一个正四面体的4个顶点上。

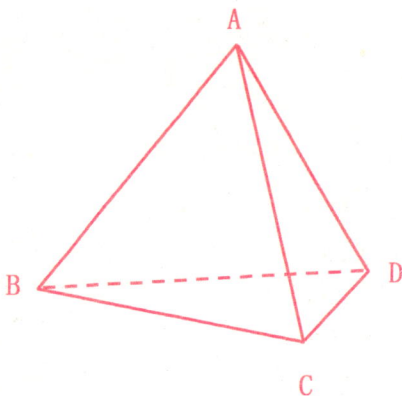

187.架桥

如下图所示，架一座宽300米的大桥，从桥上斜着走过去，就是A到B的最短距离。

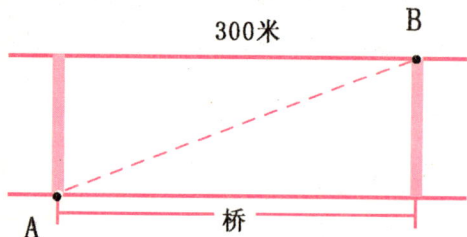

188.贪婪的巴河姆

根据题目的已知条件可知，巴河姆这一天行走的路线构成是如图所示的梯形ABCD。

由于他所走的路程为AB + BC + CD + DA，而 $BC = DE = \sqrt{15^2 - (10-2)^2} \approx 12.7$ 公里。

因此巴河姆这一天共走了：$10 + 12.7 + 2 + 15 = 39.7$（公里）。

根据梯形面积公式：

$S = 1/2 \times$（上底 + 下底）$\times$ 高 $= 1/2 \times (10 + 2) \times 12.7 = 76.2$（平方公里）。

也就是说，巴河姆走过的路所围成的土地面积为76.2平方公里。

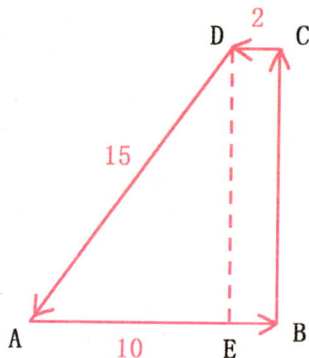

第五部分　玩转思维

189. 旅行

某人在A地和B地之间进行一次往返旅行，希望在整个旅行中能够达到每小时60千米的平均速度。但是当他从A地到达B地的时候，发现平均速度只有每小时30千米，那么，他应当怎样做才能使这次往返旅行的平均速度达到每小时60千米？

190. 分金币

桌子上有23枚金币，10枚正面朝上。假设你的眼睛被别人蒙住了，而你的手又不能摸出金币的正反面。在这种情况下，要求你把这些金币分成两堆，每堆正面朝上的金币个数相同。

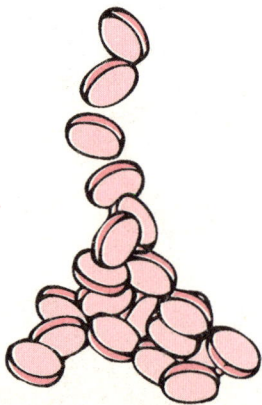

191. 星期几

一个人忘了今天是星期几，于是就去问自己的朋友，朋友想考考他，于是就说："当'后天'变成'昨天'的时候，那么'今天'距离星期天的日子将和当'前天'变成'明天'时的那个'今天'距离星期天的日子相同。"

小朋友，今天到底是星期几呢？

192. 还钱

有甲、乙、丙、丁4个人，他们都相互认识，甲向乙借了10元钱，乙向丙借了20元，丙向丁借了30元，丁向甲借了40元。有一次，4个人在路上相遇了，他们决定借这个机会把钱还清，并且想在动用最少钱以及钱移动的次数也最少的情况下结清，请问他们应该如何还钱呢？

193. 羊的数量

欢欢和露露家都养了羊。一天，欢欢跟露露商量放学后一起放羊。放学后，欢欢带着一群羊先出发了，露露因为临时有事，所以后来赶了上来。露露抱着一只羊追上欢欢，对欢欢说："你这群羊有100只吗？"欢欢想了想回答说："如果再有这么一群羊，再加半群，又加1/4群，再把你的一只羊凑进来，就正好有100只了。"

那么，你知道欢欢有多少只羊吗？

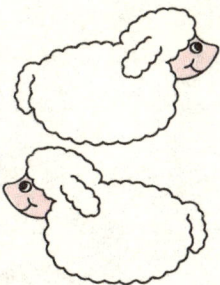

194. 牧场的牛

牧场上有一片青草，每天生长的速度都一样。这片青草供给10头牛吃，可以吃22天，或者供给16头牛吃，可以吃10天，如果供给25头牛吃，可以吃几天？

195. 鸡和鸭

一个小孩赶着一群鸡和鸭在路上走，一个人从此路过看见了他，就好奇地问他鸡和鸭各有多少只。小孩想考考他，于是就说：把鸡的只数乘以鸭的只数，这个乘积放在镜子里照一下，得到的数正好是鸡的只数和鸭的只数的和。过路人一听，愣住了，不知该从何下手。小朋友，你知道鸡和鸭各有多少只吗？

196. 小王的表

小王在商场买了一块表，是当年最流行的款式。可是戴了没多久，有人告诉她，这块表有毛病——它的时针和分针要65分钟才重合一次。小王对此非常恼火，决定去商场理论。小朋友，你觉得这块表有毛病吗？是快还是慢呢？

197. 分粮食

9个农民在一个深山中迷了路，他们身上带的粮食只够吃5天。第二天，他们又遇到了另外一队迷路的人，两队人合在了一起，同吃这些粮食，只够吃3天，那么，第二队迷路的人有多少个？

198. 鹅和羊

一位老人赶着一群羊和鹅往集市上走，已知鹅和羊共有44只，它们共有100条腿。请问，鹅和羊各有多少只呢？

199. 王子与公主

一位以智慧著称的王子向一位美丽的公主求婚。公主并没有马上答应他，而是想先考考他的智慧，于是，她让仆人端来两个盆，其中一个装着10枚金币，另一个装着10枚同样大小的银币。然后仆人把王子的眼睛蒙上，并随意调换两个盆的位置，请王子随意选一个盆，从里面挑选出一枚硬币。如果选中的是金币，公主就嫁给他；如果选中的是银币，那么王子就再也没有机会了。王子听了以后，说："那能不能在蒙上眼睛之前，任意调换盆里的硬币组合呢？"公主答应了他的要求。

请问，王子该怎么调换盆里的硬币组合才能确保他的胜算高些。

200. 分花生

从前，有位富商，他有3个儿子。为了让他们养成良好的品质，他常常教育儿子们要学习孔融，懂礼貌，懂得谦让。3个儿子也很听话，生活中处处表现得很谦让。

有一年秋天，庄稼丰收了。商人从新收的花生中数出了770颗拿给儿子们吃。儿子们非常高兴。父亲让他们自己根据年龄的大小按比例进行分配。以往，分糖果的时候，当二哥拿4颗糖果的时候，大哥拿3颗；当二哥拿6颗的时候，小弟弟可以拿7颗。那么，如果还这样分花生的话，你知道每个孩子可以分到多少颗花生吗？

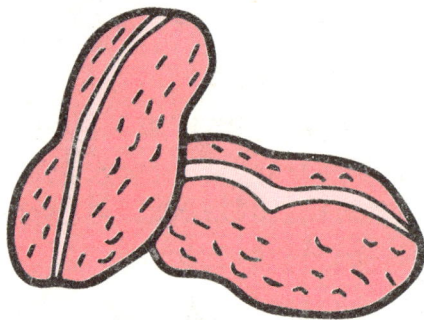

201. 钓鱼

一位神枪手跟朋友一起去钓鱼，由于运气不佳，钓了半天也没钓上来，他看见鱼在清澈的湖水中游着，便丢掉钓竿，拿起枪对准水中的鱼射击。谁知他一连射了好几枪，却一条鱼也没有打中。你知道这是为什么吗？

202. 数天数

1903年10月，在美国纽约的一次数学学术会议上，科尔教授做学术报告。他默默地走到黑板前，用粉笔写出$2^{67} - 1$，这个数是合数而不是质数。接着他又写出两组数字，用竖式连乘，两种计算结果相同。回到座位上，全场听众向他报以热烈的掌声。两百年来，人们一直怀疑$2^{67} - 1$是质数，而科尔教授却证明了$2^{67} - 1$是个合数。

有人问他论证这个问题用了多长时间，他说："3年内的全部星期天。"小朋友，你能用最快的速度回答出他至少用了多少天吗？

203. 电话号码

某市开通了号码是7位数的固定电话，前3位号码是623或625。那么，这个城市的电话号码不出现重复数字的电话有多少部呢？

204. 分批试验

有一个班要分批进实验室做试验，实验室规定每次只能进4个人，而且，每个女生旁边必须至少有另外一个女生。你知道这种排法共有多少种吗？

205. 比枪法

从前，有3个喜欢射击的兄弟，他们平时特别喜欢去射击场比赛射击。时间一长，他们当中百发百中的那个人被大家称之为"枪神"，而其中3枪能命中2枪的人被称之为"枪圣"。3个人中，枪法最差的是汤姆，一般只能保证3枪命中1枪。

邻居家有个聪明可爱的女孩，他们3人同时喜欢上了她。但是现在女孩很为难，因为3个兄弟在她眼里都是一样的优秀，她不知道该怎么办。3个兄弟中的老大说："我觉得这样下去对我们都没什么好处，让我们来一场决斗吧。胜者可以娶那个美丽的女孩。"另外两个兄弟都同意这么做。于是3个人来到了射击场。

决斗开始了，3个兄弟站着的位置正好构成了一个三角形。现在3人要轮流射击，汤姆先开枪，"枪神"最后开枪。那么，如果你是汤姆，怎样做才能胜算最大呢？

206. 出价

甲、乙两人各出5000元买下了一张售价为一万元的彩票。这两人决定互相拍卖这张彩票。两人把各自出的价写在纸条上，然后给对方看。出价高就能拥有这张彩票，但要按对方的出价付给对方钱。如两人的出价相同，则两人平分这张彩票。那么，怎样出价最有利呢？

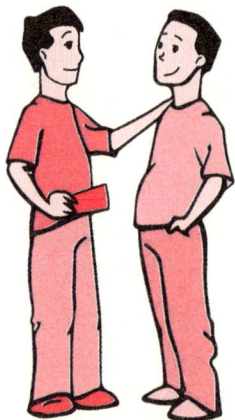

207. 青蛙和松鼠

夏日的森林充满了生机和活力。松鼠闲来无事，于是找到了青蛙，想和它进行一场跳跃比赛。青蛙同意了。比赛规则是它们各跳100米后再返回到出发点。松鼠每次跳3米，青蛙每次只能跳2米，但松鼠跳2次的时间青蛙能跳3次。

你来预测一下，在这场比赛中，青蛙和松鼠，谁会获胜呢？

208. 差钱

两个农夫挑着苹果去集市上卖，A的卖价是3个卖100元；B是2个卖100元，当他们正好各剩下30个的时候，因为有事要离开货摊，便委托C替他们卖。他们走后，C把他们二人的苹果合在一起，分堆卖。将每堆好苹果拿出2个和3个差一些的苹果（共5个）卖200元。两个人的苹果合起来共剩60个，12堆，共卖了2400元。

卖完后，A和B回来了。A说："我的3个卖100元，30个就该卖1000元。"B说："我的2个卖100元，30个就该卖1500元。"A和B合起来应该是2500元。但C却只卖得2400元，少了100元。那么请问C的差错出在哪儿呢？

209. 付款

王红的钱包中共有人民币14元8角，其中有2张5元的纸币，4张1元的纸币，1角、2角、5角的纸币各有1张。在不用商店找钱的情况下，王红用钱包中的这些人民币任意付款，可以付出多少种不同金额的款呢？

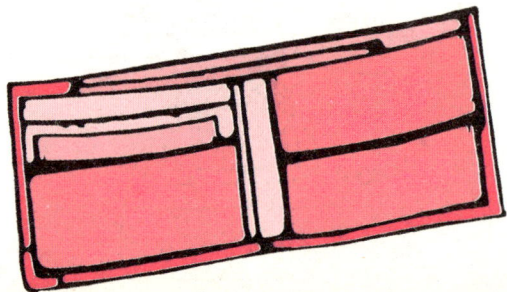

210.猜扑克牌

甲和乙一起玩扑克牌。甲的手上拿了13张牌，其中黑桃、红桃、梅花、方块这4种图案的牌都至少有一张以上。不过，每种图案的张数各不相同。红桃和方块总共5张；红桃和黑桃共有6张。现在，甲的手中有两张同一种花色的扑克牌，那么，你知道这两张牌是什么花色的吗？

211.聪明的小弟弟

家里有24个苹果，分给了兄弟3人，并且每个人分到的苹果数量是自己3年前的年龄数。最小的弟弟也是最聪明的。他提议要用下面的方法与两个哥哥交换苹果。他说："我拿分给我的苹果的一半平均分给大哥和二哥。然后二哥也拿出自己的一半（包括弟弟分给他的在内），平均分给我和大哥。最后，大哥同样也拿出自己的一半（包括别人分给他的在内），平均分给我和二哥。"两个哥哥都十分信任他，于是同意了他的提议。但是，这样分的结果，兄弟3个得到的苹果个数都相同。请问，他们三兄弟的岁数各是多少呢？

212.车站的钟声

小张家住在火车站附近，他每天都可以根据车站大楼的钟声起床，车站大楼的钟每敲响一下延时3秒，间隔1秒后再敲第二下。假如从第一下钟声响起，小张就醒了，那么到他能确切判断出已是清晨6点，这之间前后共经过了多少秒钟？

213.拔河比赛

甲、乙、丙、丁4个小组进行了一次拔河比赛。比赛结果是：当甲、乙两组为一方，丙、丁两组为另一方的时候，双方势均力敌，不相上下。但当甲与丙对调以后，甲、丁一方不费吹灰之力就打败了乙、丙一方。

然而，乙组的学生并不气馁，他们自己同甲、丙两组分别较量，结果都胜了。

请问，甲、乙、丙、丁4个小组中，哪组的力气最大，哪组第二，哪组第三，哪组最小？

93

214. 名次与分数

A、B、C、D、E5名学生参加乒乓球比赛，每两个人都要赛一盘，并且只赛一盘。规定胜者得2分，负者得0分。现在的比赛结果是：A和B并列第一名，C是第三名，D和E并列第四名。那么C得了多少分？

215. 彩色灯泡

圣诞节即将来临，某大商场为增添节日气氛，吸引顾客眼球，就在门口放了一棵圣诞树，树上挂了一排彩色灯泡。这样一来，彩灯一闪一闪的，看上去的确非常喜庆，商场的生意也好了许多，商场经理非常高兴，她想考考自己的员工，于是指着彩灯说："我们的彩灯是按'3红4黄5绿'的次序排列的。那么，你们知道第54只灯泡是什么颜色的吗？第158只呢？"

216. 化缘的小和尚

在一座深山的山顶上有一座庙，从庙到山脚下只有一条路，每周一早上8点，庙里的一个小和尚都会去山下化缘，周二早上8点从山脚返回山顶上的庙里。小和尚上下山的速度是任意的，在每个往返中，他总是能在周一和周二的同一时刻到达山路上的同一点。比如，有一次他发现星期一的8：30和星期二的8：30，他都到了山路靠山脚3/4的地方。你知道这是怎么回事吗？

217. 放硬币

小文和小霞准备玩一个游戏。他们拿来了一张纸和若干枚1分的硬币。游戏规则是：两人轮流把硬币放在纸上，每人每次只放一枚；放在桌上的硬币不能重叠；最后在纸上无处可放者为负。为了保证最后取得胜利，你知道该怎么放吗？

218.锄草

一个富翁有两块草地，他雇了一些人来替他锄草。大的那块比小的大1倍。上午，所有人都在大的那块草地上锄草。下午，一半人仍留在大草地上，到傍晚时就把草锄完了，另一半人去锄小草地上的草，到傍晚还剩下一块，剩下的这一块由1个人再用1天时间，就能刚好锄完。那么，这些锄草人共有多少个呢？

219.取苹果

一个大筐里放有若干个苹果，苹果被分为3个等级，从这个大筐里至少要取出几个苹果（取的时候不看苹果），才能使取出的苹果中：

（1）同一等级的至少有2个；

（2）同一等级的至少有3个。

220.捡救生圈

两艘轮船同时离开码头。甲船顺水航行，乙船逆水航行。两艘轮船的速度相同。在起航时，从甲船上丢下一个救生圈，随水漂移。在离开码头正好1小时的时候，两艘船同时收到用无线电发来的命令，要它们马上改变航行的方向，即原来顺流航行的船改为逆流航行，原来逆流航行的船改为顺流航行，去打捞在起航时甲船丢下的随水漂移的救生圈。你知道这个救生圈会被哪一只船先捡到吗？

221.古董商的钱币

一位古董商从一农夫家里收购了两枚古钱币。后来又以每枚60元的价格出售了这两枚古钱币。其中的一枚赚了20%，另一枚赔了20%。这位古董商在这笔交易中是赔了还是赚了呢？

222.植树苗

学生们去郊外植树，辅导员给红队16株树苗，黄队12株树苗，蓝队10株树苗，要求他们分别植成10行、6行、5行，每行要有4株，请问应当怎样植呢？

223.乞讨者

有一个非常富有的商人，每星期都要捐一些钱给穷人。一天，他暗示这些穷人，如果伸手要钱的人能减少5名，那么每人就可以多得两美元。于是，每个人都尽力劝说别人走开。然而，在下一次碰头时，人数不但没有减少，还新来了4个乞讨者。结果，他们每人都少拿了一美元。假定这位商人每星期都捐出同样数额的金钱，你能否猜出这笔钱有多少呢？乞讨者原来有多少个呢？

224.外星人的手指

爸爸给儿子出了一道百科全书上的趣味思维题：假设一群外星人来到我们生活的地球，他们和地球人长得非常相似，但有一点区别，就是他们的手和地球人不一样。已知每个外星人的每一只手上，都有不止一根手指，但他们每个人的手指总数一致；又已知任意一个外星人每只手上的手指数量也不相同。现在如果告诉你房间里外星人的手指总数，你就可以知道外星人一共有几个了。

假设这个房间里外星人的手指总数在200～300之间。请问房间里共有多少外星人呢？

225.分葡萄

一串葡萄上总共有100颗葡萄，要求分放在12个盘子里，并且每个盘子里的数字中必须有一个"3"。请你想一想，该怎么分？

226.安排劳动力

某运输公司负责为各个施工工地运送建筑材料。早上接到一家建筑公司的送货要求，让运输公司送一批石子到工地上。运输公司派10名工人，用两辆自动卸货汽车运送这批石子。

开工前，他们讨论怎样合理高效地安排劳动力。有人建议把10个人分成两组，每5个人装一车；还有人主张10个人一起装车，装好第一辆后再装第二辆，你认为哪种方法更好？

227.搬萝卜

小兔子有4个盘子，其中一个盘子里有3根萝卜，另外一个盘子里有1根萝卜，还有两个盘子没有萝卜。小兔子尽力克制住自己想吃的欲望，把萝卜集中到一个盘子里一起吃，但是，它每次只会从两个盘子里分别拿出1根萝卜放到第三个盘子里。

那么，小兔子要搬运几次才能把所有的萝卜都集中到一个盘子里去呢？

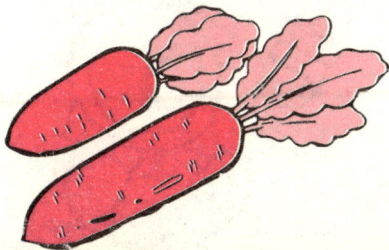

228.交友舞会

有一对夫妇组织了一次交友舞会，前来参加这次舞会的有30位客人，加上男女主人一共32人。在整场舞会中，有人发现参与者如果随意组成舞伴（总共有16对），那么，无论怎样分配，总能保证每对舞伴中，至少有1位是女性。那么，在这次舞会上，男性有多少人呢？

229.小美的奶糖

小美是个非常喜欢吃奶糖的小朋友，爸爸妈妈为了保护小美的牙齿，规定她每天只能吃一颗奶糖，而小美不同意这样做，她想每天吃两颗，而且一直缠着爸爸妈妈要。于是，爸爸妈妈给了她10枚硬币，要求是把这10枚硬币排列成"十"字的形状，而且不管是横着数还是竖着数，总数加起来都是6枚，如果小美能够完成这道题，爸爸妈妈就答应她的要求。她想了好久也没想出来。小朋友，你能帮她达成每天吃两颗奶糖的愿望吗？

230.4人过桥

学校组织进山探险的夏令营活动。小露、鹏鹏、小宁、娟娟4个人都报了名。他们4人结为一组，在一个漆黑的夜晚，他们走到了一座没有护栏的狭窄的桥边，按照地图，他们必须穿过这座桥才能继续探险。可是这座桥非常危险，没有手电筒根本无法通过。但不巧的是，他们只带了一只手电筒，而桥很窄，只能容两个人同时通过。他们每人单独过桥的时间是3分钟、4分钟、6分钟和9分钟；而如果两人同时过桥，所需要的时间就是走得比较慢的那个人单独行走时所需要的时间。那么，为了在最短的时间过桥，这4个人该如何设计过桥方案呢？

231.巧取药粉

在化学实验课上，同学们需要从一瓶70克的药粉中取出5克来做实验。而化学老师只给他们一架天平和一只20克的砝码。你知道该怎样取得适量的药粉吗？

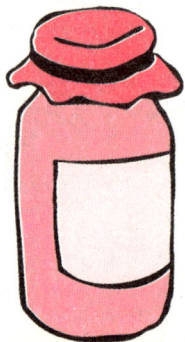

232.参观券

班里发了一张市博物馆的参观券，小辉和小敏都争着要去。老师也不知道该让谁去。于是，决定让他俩来一次智力竞赛，胜者可以参观。桌子上有一叠作业本，老师就把这张入场券夹在最下面一本里面，对他俩说："这里有54本作业本，你们轮流取，每次要取而且只能取1～5本，谁拿到最后一本，里面的这张参观券就给谁。"二人努力地思索着，谁都不敢轻易下手。小朋友，如果要你参加这样的竞赛，你准备怎样取呢？

233.亮亮的手表

亮亮买了一只机械手表，每小时比家里的闹钟快30秒，可是家里的闹钟每小时比标准时间慢30秒。那么亮亮的手表准不准呢？

如果在早上8点钟的时候，手表和闹钟都对准了标准时间，那么到了中午12点的时候，手表的时间是多少？

234.老板的难题

小林和小花经常一起去街道的商店买东西。一个周末的下午，小林和小花准备一起去买牛奶。她们来到一家商店，商店老板很热情地招待了她们。小林带来一个容量是5升的装牛奶的瓶子，而小花带来的是容量是4升的装牛奶的瓶子，但她只想买3升牛奶，恰巧今天商店老板的电子秤坏了，他只有一个容量是30升的圆柱形的牛奶桶，已经卖给客人8升了，他应该怎么做才能使这两个顾客得到各自想要的重量，而且又能使牛奶不溢出容器呢？老板感到很难办，牛奶很新鲜，如果今天不卖出去就不新鲜了，该怎么办呢？如果你是老板你会怎么做呢？

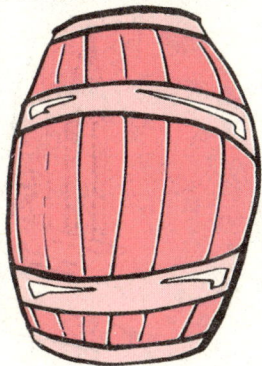

235.从甲地走到乙地

甲乙两地相距300公里，在这一段路程里没有饭店，小刚吃饱后可走100公里，并且他一次最多可带4个盒饭，它们又可以使他再走100公里。如果在甲乙两地之间再没有饭馆，请问小刚能不能从甲地走到乙地？

236.步行时间

老王在乙市上班，但家住甲市，每个工作日，他都乘火车往返于甲乙两市之间。每天下午5点，他都会准时出现在甲市火车站的出口处，老王的夫人开车在那儿等他，然后一起开车回家。一次老王的公司提前下班，下午4点他已经走出甲市火车站。于是他就自己沿着夫人来接他的路线步行回家。步行一段时间后，他遇到了开车来接她的夫人，然后坐上车一起回家，结果比以往提前10分钟到家。

假设夫人的驾车速度不变，并且这天也是准时出发去接通常5点钟到火车站的丈夫。你能不能算出老王在坐上汽车之前已经走了多久？

237.对称的指针

小明因为有事，在6点多一点出去了。这时，分针和时钟呈110度角，他不到7点又回来了，此时分钟和时钟刚好又呈110度角。小朋友，你知道小明出去了多长时间吗？

238.登台阶

周末，小强和小芳相约到公园玩耍，他们很快来到一座假山旁，登上了假山的台阶，并玩起了剪刀、石头、布的游戏，每次必须分出胜负。他们规定：每次胜者上5个台阶，负者下3个台阶。小强、小芳二人同时在第50个台阶上开始玩，玩了25次后，小强的位置比小芳高40个台阶。那么请问，此时的小强和小芳各站在第几级台阶上？

239.数学考试

一次数学考试只有20道题，做对1题加5分，做错1题扣3分。小王这次没考及格，不过他发现，只要他少错1道题就能及格。

请你根据上面提供的信息，判断一下小王做对了多少道题？

240.猜数量

小明和小华到商店买了一些铅笔，两人的铅笔合起来共有72支。现在，小华从自己所有的铅笔中，取出小明所有的支数送给小明，然后小明又从自己现在所有的铅笔中，取出小华现有的支数送给小华。接着，小华又从自己现在所有的铅笔中，取出小明现在所有的支数送给小明。这时，小明手中的铅笔支数正好是小华手中铅笔支数的8倍，那么，小明和小华最初各有多少支铅笔呢？

241.长跑训练

学校操场的环形跑道长400米，小明在跑道上进行一项特殊的长跑练习，从上午8:20开始，小明按逆时针方向出发，1分钟后，小明掉头按顺时针方向跑，又过了2分钟，小明又掉头按逆时针方向跑。如此下去，按1、2、3、4……分钟掉头往回跑。当小明按逆时针方向跑到起点，又恰好该往回跑时，他的练习正好停止。如果小明每分钟跑120米，那么，他停止练习时是什么时间？他一共跑了多少米呢？

242.盗墓者被抓

有个盗墓手段很高明的盗墓者，他有25个手下，盗墓经验都非常丰富。警察追踪他们多年，但一直没有收获。

一天，有人报案说古墓中的埃及法老壁画不见了。警长立刻带人对现场进行勘查，根据作案手法，他们判断出就是他们追踪多年的那个盗墓者所盗。正当研究抓捕方案时，盗墓者突然前来自首了。他称他偷来的100块法老壁画被他的25个手下偷走了。这些人中最多的偷了9块，最少的偷了1块。而这25人各自偷了多少块壁画，他说自己也不是很清楚，但有一点是肯定的，他们都偷走了单数块壁画，没人偷走双数块的。他为警方提供了那25个人的名字，条件是不能判他的刑。警长答应了他的要求。但当天下午，警长就下令逮捕自首的盗墓者。这是为什么呢？

243.粗心的钟表师傅

下午，老张家的一只时钟的针不小心被折断了。一位钟表师傅到老张家调换了针，这时正好是6点，他就将长针拨到12，短针拨到6。

钟表师傅回到店铺，正准备吃饭，老张匆匆赶来说："你刚才修的钟还是有毛病。"等钟表师傅吃好晚饭，再一次来到老张家里时，已经是8点多了。他看了看钟，又对了对表，禁不住眉头一皱："你看，8点10分刚过，你的钟一分不差！"老张一看，感到非常奇怪！现在钟确实走得很准。

第二天早上，老张又找到了这位钟表师傅，当然还是因为钟有毛病。当钟表师傅第三次来到老张家里，拿出表来一对，7点多一点，并没有什么问题！这时，老张请这位钟表师傅坐下来喝杯茶。一会儿，钟表师傅就发现这只钟果然还是有毛病。

小朋友，你知道问题出在哪儿了吗？

参考答案

189.旅行

此人从A到B的平均速度为每小时30千米，而要想让全程的平均速度达到每小时60千米，也就是30千米的2倍，这样一来，他从B返回A的时候不能用时间，显然这是不可能的。所以，无论怎样也不能使全程的平均速度为每小时60千米。

190.分金币

将这些球分为一堆13个，另一堆10个，然后将10个那一堆所有的金币翻转就可以了。

191.星期几

把题目中的那段话认真地看一遍，就不难发现，两个假设是相对的，也就是说今天是星期天。

192.还钱

乙、丙、丁各拿出10元还给甲即可。

193.羊的数量

假设欢欢原来有A只羊，那么根据欢欢所说，我们可以得出：$A + A + \frac{1}{2}A + \frac{1}{4}A + 1 = 100$，由此算出，$A = 36$。所以，欢欢原来有36只羊。

194.牧场的牛

把10头牛22天吃的总量与16头牛10天吃的总量相比较，得到的$10 \times 22 - 16 \times 10 = 60$，是60头牛一天吃的草，平均分到（22 - 10）天里，便知是5头牛一天吃的草，也就是每天新长出的草。求出了这个条件，把25头牛分成两部分来研究，用5头吃掉新长出的草，用20头吃掉原有的草，即可求出25头牛吃的天数：（10 - 5）× 22 ÷ （25 - 5）= 5.5（天）。

195.鸡和鸭

镜子中照出的物体是和原物体左右相反的，而在阿拉伯数字中，除了0以外，只有1和8是符合条件的。所以知道它们的乘积是81，而和就是18，所以可以很快得出鸡和鸭的只数都是9只。

196.小王的表

正常情况下，每当12点时，时针与分针重合，题目中说65分钟时（即1点5分）重合一次，如果走得准，时针的位置应比分针靠前一点。令时针同分针恰好每65分钟重合一次，那么它每小时大约快27秒。

197.分粮食

第一队碰到第二队时，第一队已经把一天的粮食吃完了，剩下的粮食只够第一队吃4天；但第二队加入之后只能吃3天，这也就是说第二队在3天里吃的粮食等于第一队9个人一天吃的粮食，由此我们可以推断出第二队有3个人。

198.鹅和羊

设白鹅为x只，羊则为（44 - x）只，依题意可列方程：

$2x + 4 \times （44 - x）= 100$

$x = 38$

即有白鹅38只，羊有44 - 38 = 6（只）。

199.王子与公主

王子可以将1枚金币留在金币盆里，把另外9枚金币倒入另一个盆里，这样一个盆里就只有1枚金币，另一个盆里就有10枚银币和9枚金币。如果他选中那个放1枚金币的盆，选中金币的概率是100%；如果他选中那个放19

枚钱币的盆，选中金币的概率最大是 $\frac{9}{19}$。王子选中两个盆的概率都是 $\frac{1}{2}$，所以把前面的两项结果加起来，得出选中金币的概率是：$100\% \times \frac{1}{2} + \frac{9}{19} \times \frac{1}{2} = \frac{14}{19}$，这样远远大于原来未调换前的 $\frac{1}{2}$。

200.分花生

从题目中的已知条件我们可以知道，当二哥拿4颗花生的时候，大哥拿3颗；当二哥得到6颗的时候，小弟弟可以拿7颗，那么孩子们的分配比例应为9∶12∶14。9 + 12 + 14 = 35，因此，也就是说把770颗花生分成35份，大哥要35份当中的9份，二哥分得35份当中的12份，小弟弟分到35份中的14份。所以大哥得到了198颗，二哥分到264颗，小弟弟分到308颗。

201.钓鱼

因为光线通过空气进入水中时，在水面会发生折射，使物体偏离原方向，所以神枪手射了几次都没射中。

202.数天数

至少用了156天。

一年有365到366天，用365除以7，得52余1。最好的结果是多出来的那天正好是星期天，如此一年最多有53个星期天。这样3年最多只有156个星期天，这个人至少会用156天。

203.电话号码

可以将这个城市的电话号码表示为：623□□□□ 或625□□□□。要使每一部电话号码不出现重复数字，那么0～9剩余的数字在最左边方框可出现7个，顺次为6个、5个、4个。

那么前3位是623的电话部数：$7 \times 6 \times 5 \times 4 = 840$（部）

前3位是623和625的电话部数共有840×2 = 1680（部）

所以，这个城市不出现重复数字的电话是1680部。

204.分批试验

根据题意共有7种排法：1、女女女女；2、女女男男；3、女女男女；4、男男女女；5、男女男女；6、男女女女；7、男男男男。

205.比枪法

汤姆应该先放空枪。

如果先射击"枪神"，打中的话，"枪圣"就会在两枪之内把他打死；如果先射"枪圣"，射中的话，"枪神"会一枪把他打死。如果先射"枪圣"而未中，"枪神"就会先射"枪圣"，然后对付汤姆。假如射中了"枪神"，"枪圣"赢汤姆的概率是6/7，而汤姆赢的概率是1/7。

假如汤姆先放空枪，那么下一步要对付的就是其中一个人了。如果"枪圣"活着，汤姆赢的概率是3/7。如果"枪圣"没有将"枪神"打中，"枪神"就会一枪打中他，此时汤姆的胜算是1/3。汤姆先放空枪，他的胜算会提高到约40%，而"枪神""枪圣"胜算是22%、38%。

206.出价

出价5001元最为有利。

如果你出价5002元，对方出价5001元，你就必须付给他5001元，这样一来，你买下这张一万元的彩票就花了10001元，多花了1元钱。也就是说，出价超过5001元不利，反过来出价少于5000元也不利。如果你出价4999元，在对方出价比你高的情况下，你就亏了1元。

207.青蛙和松鼠

你可能会这样想，松鼠跳得远但是频率慢，青蛙跳得近但是频率快，它们跳6米所用的时间是相同的，所以应该打成平手。但其实这场比赛的胜利者是青蛙。

因为当青蛙跳完第一个100米时，刚好跳了50次，所以往返的全程一共需要跳100次。

松鼠跳第一个100米时，前33次跳了99米，为了最后1米，不得不多跳1次；而在返回时也同样需要跳34次。所以在200米的全程中，松鼠总共需要跳68次，等于青蛙跳102次所用的时间。

208.差钱

需要弄清楚的是，苹果为两种，不能把60个简单地用5除，试想60÷5＝12，也就是把60个苹果分成12堆去卖，而30个次苹果只能分成10堆。好苹果分完10堆后还剩10个，还可以分成两堆，这两堆的价钱不应该是200元，而应该是250元，现在C只管5个一堆，一堆200元，以这种方式去卖，一堆少卖50元，两堆自然就少了100元。

209.付款

用4张1元纸币和2张5元纸币，可以付出1元、2元、3元……13元、14元共14种不同的整元款。

用1角、2角、5角纸币各1张，可以付出1角、2角、3角、5角、6角、7角、8角共7种不同的整角款。

14种整元付款办法中的每一种，都可以和7种整角付款中的每一种结合，又可以付出7×14＝98（种）不同的款。

因此，可以付出14＋7＋98＝119（种）不同金额的款。

210.猜扑克牌

4张牌只要确定1张，其余的张数就可以确定，以黑桃为基准，最少1张，最多4张，具体情况如下表：

黑桃	红桃	梅花	方块	成立与否
1	5	3	4	成立
2	4	4	3	不成立
3	3	5	2	不成立
4	2	6	1	成立

再根据题目，刚好两张牌花色一致，显然是第四种情况，这两张牌是红桃。

211.聪明的小弟弟

在最后一次交换苹果时，每个人有8个苹果。因此大哥在把自己的一半苹果平均分给两个弟弟之前，他有16个苹果，而二哥与小弟各有4个苹果。其次，二哥在分自己的苹果之前有8个，大哥有14个，小弟弟有2个。由此我们可以得出，小弟在分自己的苹果之前有4个，二哥有7个，大哥有13个。根据题意开始每人得到的苹果的个数，是自己3年前的岁数，所以现在小弟弟是7岁，二哥是10岁，大哥是16岁。

212.车站的钟声

从第一下钟声响起，到敲响6下共有5个"延时"和5个"间隔"，共计（3＋1）×5＝20秒。当敲响第6下后，小张要判断是否清晨6点，他一定要等到"延时3秒"和"间隔1秒"都结束后没有第7下敲响，才能准确判断是清晨6点。因此，答案就是：（3＋1）×6＝24（秒）。

213.拔河比赛

根据题意有甲＋乙＝丙＋丁，丙＋乙＜甲＋丁，甲＜乙，丙＜乙；可得：甲＋乙－丙＝丁，丁＞乙＋丙－甲；所以甲＞丙，乙＜丁。因此，丁组力气最大，

乙组第二，甲组第三，丙组力气最小。

214.名次与分数

　　获第三名的学生C得4分。因为每盘得分不是2分就是0分，所以每个人的得分一定是偶数，根据比赛规则，5个学生一共要赛10盘，每盘胜者得2分，共得了20分。每名学生只赛4盘，得分最多的是8分。我们知道，并列第一名的两个学生不能都得8分，因为他们两人之间比赛的负者最多只能得6分，由此可以得知，并列第一的两个学生每人最多各得6分。同理，并列第四的两个学生也不可能都得0分，因此他们两人最少各得2分。

　　这样，从上面的分析中我们可得出获得第三名的学生C不可能得6分或2分，只能得4分。

215.彩色灯泡

　　3 + 4 + 5 = 12。按每排12只为一轮。54 ÷ 12，商4余6，即按规律排了4轮。再排第5轮到第6只，第6只是黄色灯泡。158 ÷ 12，商13余2，排了13轮后，再排，第2只是红色灯泡。

　　所以第54只灯泡是黄色的，第158只是红色的。

216.化缘的小和尚

　　我们要假想在周一早上8点，小和尚下山时，有另一个小和尚同时从山脚下开始往山上走，这样的话，不论两人用怎样的速度行走，总会在山脚和山顶中间的某个位置相遇。当他们相遇时，时间、地点肯定是相同的，也就是说他俩同一时刻到达了山路上的同一点。我们可以把第二个小和尚想象成题目中的那个小和尚，这样，问题就很容易解决了。

217.放硬币

　　可以利用平面几何中的中心对称原理

玩这个游戏。先放者，首先抢占"对称中心"，即纸的中心，然后，不论对方把硬币放在什么位置，你每次都根据中心对称原理，把硬币放到对方硬币的对称位置上。这样，只要对方有地方放，你也一定会有地方放，直到你占满最后一处空白，逼得对方无处可放，你就取得了胜利。

218.锄草

　　根据题意，大块草地上午的工作量是下午的2倍，半组人的日工作效率是大块草地的1/（1 + 2）÷ 1/2 = 2/3，是小草地的4/3，那么半组人在小草地工作半天可以完成小草地的4/3 × 1/2 = 2/3，也就是剩余的一小块是小草地的1 - 2/3 = 1/3，恰好是1个人的日工作效率，4/3 ÷ 1/3 × 2 = 8人。这些锄草人总共有8个。

219.取苹果

　　（1）至少要取4个，因为苹果一共有3个等级，取4个苹果就一定有2个是同一等级的。

　　（2）至少要取7个，就能保证有3个同一等级的苹果。

220.捡救生圈

　　从救生圈与船的位置来说，对于顺水航行的船来说，它虽然获得了水的流速，但是救生圈漂移的速度等于水流的速度，所以等于没有获得水流的速度，对逆水航行的船来说，虽然失去了水的流速，但加上救生圈的速度，等于没有失去速度。类似于这两艘船在静水中航行那样，而救生圈停留在一个地方。因此，两艘船调头改变方向航行到救生圈的地方，都需要1个小时。

221.古董商的钱币

　　我们假设其中一枚古币收购时花了x元，

另一枚古币花了y元，那么根据题意列方程：

$$\begin{cases} x(1+20\%)=60 \\ y(1-20\%)=60 \end{cases}$$

得x＝50，y＝75，x＋y＝125，
所以我们可以得知古董商赔了5元。

222.植树苗

16株树植成10行：（4个横行，4个竖行，2个斜行）：

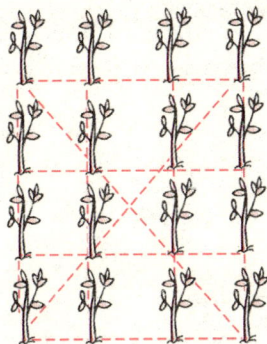

12株树植成6行：

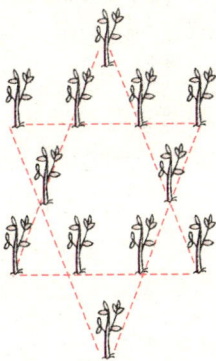

10株树植成5行：

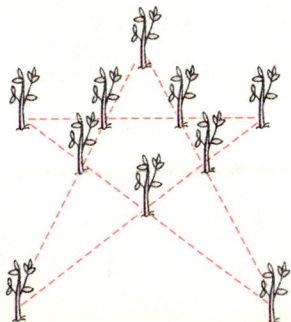

223.乞讨者

商人每周要捐给乞讨者120美元，那批人原来有20名。

224.外星人的手指

我们首先可以假定房间里240根手指，则可能是20个外星人，每人12根手指；或者是12个外星人，每人20根手指。但这无法提供一个唯一的答案，所以应去除所有能被分解为不同因数的数字（即除质数和完全平方数以外的所有数）。

现在我们再来考虑质数，以229为例。可能会是一个外星人，每人有229根手指，但是根据题意"一群外星人"，显然不符；可能是229个外星人，每人有一根手指，又与"不止一根手指"冲突，显然也不可能。所以我们可以排除所有质数，现在就只剩下平方数了。

在200和300之间符合条件的只有一个平方数，就是289（17^2）。所以在房间里共有17位有着17个手指的外星人。

225.分葡萄

在第1、第2、第3个盘子里分别各放13颗葡萄，第4至第11个盘子里各放3颗葡萄，在第12个盘子中放余下的37颗葡萄。

226.安排劳动力

首先假定汽车往返于运输公司和施工工地之间，每次需要半小时。如果分成两组的话，前半个小时每组各装好了1车，后半个小时等待汽车往返。工人在这段时间休息，因此用这一方法时，1小时内装了2车，运了2车。

若10个人一起装车，15分钟就可以将第一辆车装好，车子立即开出；第二个15分钟，这10人再将第二辆车装好，车子又开往工地，第三

个15分钟由于两车都在路上，所以工人休息，第四个15分钟工人开始装已经返回的第一辆车。用这种方法，1小时内装了3车，运了2车。

所以很明显，第二种方法效率高，第一种方法增加了汽车在路上的时间。

227.搬萝卜

把盘子分别编号为A（有3根萝卜）、B（有1根萝卜）、C、D。先从A、B盘中各取出1根萝卜放到C盘中，然后从A、C盘中各取出1根萝卜放到B盘中，再从A、C盘中各取出1根萝卜放到D盘中，接着从B、D盘中各取出1根萝卜放到A盘中。最后，再把B、D盘中各剩下的1根萝卜都放到A盘中。

228.交友舞会

题目中强调的是用随意的方式将32个人分成一对一对的舞伴，每对至少有1位是女性；也就是说，在这任意搭配的16对中，绝对不会出现2个都是男性的搭配。当然也有可能有2位或更多的男性均分在每对舞伴中，但题目强调的是，通过任意次的分配，总是能保证每对中至少有1位是女性。所以，本题根据这个条件可以判断，参加舞会的男性只有1位，其余31位都是女性。

229.小美的奶糖

通过动手排列你也许会觉得，要把这10枚硬币按小美的爸爸妈妈的要求排列出来是不可能的，但你忽略了其中重要的一点：爸爸妈妈的要求里并没有限制每一个位置上只准放一枚硬币，所以你可能会想到在"十"字的中心位置摆两枚硬币，这样就能符合要

求了，不论横竖都是6枚硬币了。

230.4人过桥

我们可以这样解决：首先让两个走得最慢的人同时过桥，这样他们所用的时间只是走得最慢的那个人所用的时间，较慢的人就不用再多花时间过桥了。所以，可以让小露和鹏鹏一起过桥，他们共用4分钟；这时让鹏鹏留在桥边，小露返回用3分钟；小宁和娟娟再一同过桥用9分钟，这时留在桥那边的鹏鹏再用4分钟返回来。最后，小露和鹏鹏再用4分钟过桥。那么他们4个人全部过了桥一共花 $4+3+9+4+4=24$ 分钟。

231.巧取药粉

首先，把20克的砝码放在天平一边的托盘里，把药粉分成两份，放在天平两边的托盘里。通过增减两边的药粉使天平达到平衡。这时，天平上没有砝码的一边的药粉重45克，而有砝码一边的重25克。分别将两边的药粉取下；天平一边仍放20克砝码，另一边放25克药粉，并从中不断取出药粉收集起来，使天平再次平衡。这时天平上的药粉有20克，而最后取下来的药粉正好是5克。

232.参观券

要取到最后一本，就必须想办法使对方取倒数第6本。而要使对方取倒数第6本，又要使对方取倒数第12本。这样，对方分别取1、2、3、4、5本时，自己可以分别取5、4、3、2、1本，结果对方必须取倒数第6本，最后自己就能取到最后一本。

由此倒推上去，可知要取得胜利，必须

让对方取倒数第6、12、18、24、36、42、48、54本，即顺数第1、7、13、19、25、31、37、43、49本。

由上述可知，这个问题对于知道其中奥秘的人来说，后取者必胜。但如果不知道其中的窍门，任意乱取，那么胜负就难定了。

233.亮亮的手表

亮亮的手表是不准的。手表准不准应与标准时间相比较，而不能与闹钟比。

闹钟每小时比标准时间慢30秒，也就是标准时间1小时，闹钟走59分30秒（3570秒）。手表比闹钟快30秒，手表走1小时30秒（3630秒）而闹钟走1小时。把手表与闹钟都与标准时间相比较，假设手表走x秒相当于闹钟的3570秒，标准时间为3600秒，可以算出标准时间1小时手表走的秒数：

3630/3600 = x/3570

x =（3630 × 3570）÷ 3600

x = 3599.75

所以，标准时间1小时，手表只走了3599.75秒，比标准时间慢了0.25秒。所以我们能够推算出手表不准。

从8点到12点，总共有4个小时的时间，手表慢了0.25 × 4 = 1（秒）。所以12点的时候，手表指的时间是11点59分59秒。

234.老板的难题

店老板先倒5升的牛奶到小林的瓶子里，然后把这些牛奶倒到小花的瓶子里，那么小林的瓶子里还剩下1升，再把小花的瓶子里的4升倒回一半到老板的桶里，再把小林瓶子中的1升倒在小花的瓶子里，小花就得到她想要的牛奶了。现在牛奶桶里还剩下18升牛奶，老板把这些牛奶倒在小林的瓶子里，倒满就好了。

235.从甲地走到乙地

小刚可以将盒饭在半途上放下来：①小刚带着4个盒饭来到50公里处时放下盒饭，然后回到甲地；②小刚又带着4个盒饭来到50公里处，将盒饭放下，回到甲地；……小刚第n次带着4个盒饭来到50公里处，将盒饭放下，再次回到甲地，这时，那里已有盒饭4×n个了；如此继续下去，小刚终于可以在某个时候做到，将4个盒饭带到离甲城100公里处，然后放下盒饭，回到前一站，在那里吃饱饭，这样再回到100公里处时，小刚不但可以吃饱，还可以带上预先放在那里的4个盒饭，这回小刚就可以走到乙地了。

236.步行时间

根据题目条件，他们的车是提前10分钟到家的，这说明这天这辆车比以前往返家和火车站所需要的时间少了10分钟，又因为老王夫人的驾车速度不变，所以从驾车离家到遇上老王所用的驾驶时间，比通常由家抵达火车站所需的时间少5分钟。以前她到达火车站的时间是5点钟，因此，这天她是4点55分遇上老王的。又因为老王是4点走出火车站的，所以老王步行的时间为55分钟。

237.对称的指针

假设分针速度为1，则时针速度就为1/12。依题意，小明回来时，分针共比时针多走110度 + 110度 = 220度，相当于220 ÷ 30 = 22/3（大格），所以有：22/3 ÷（1 - 1/12）= 8（大格）8 × 5 = 40（分钟），即小明出去了40分钟。

238.登台阶

我们可以这样来考虑，如果小强和小芳

各赢一次的话，这时小强为5 - 3 = 2，小芳为 - 3 + 5 = 2，也就是说相对位置不变，所以小强对小芳的净胜次数为40 ÷（3 + 5）= 5次，其余的20次都是各有输赢。假设前20次都是各有输赢，那么两个人都在50 + 10 × 2 = 70阶上。小强再胜5次。所以台阶数为70 + 5 × 5 = 95。小芳输5次，台阶数为70 - 3 × 5 = 55。

239.数学考试

少错1道题，也就是再加5 + 3 = 8分，他才能及格，所以小王得了52分。设小王做对了x题，那么他做错的题是20 - x，且有5x - 3 ×（20 - x）= 52。解方程得x = 14，所以小王答对了14道题。

240.猜数量

我们可以采用倒推的办法来找出答案。

根据题意可知，两人所有的铅笔总支数（72支）是不变的；又可知最后小明手中铅笔的支数是小华手中铅笔支数的8倍。这样，我们可以求出最后两人手中铅笔的支数。

小华最后手中铅笔的支数是：72 ÷（8 + 1）= 8（支）；小明最后手中铅笔的支数是：8 × 8 = 64（支）；

再倒推回去，就可以求出两人最初各有铅笔多少支了。小明最初有26支铅笔，小华最初有46支铅笔。

241.长跑训练

根据题意，小明在跑1、3、5、……分钟时，每次按逆时针方向，比前一次增加120米，他停止练习时，那次是按逆时针方向跑，并且离开起点的距离应是120和400的最小公倍数1200米。于是得出他沿逆时针方向跑了1200 ÷ 120 = 10（次）。他停止练习前

那次跑了10 × 2 - 1 = 19（分钟），他一共跑了1 + 2 + 3 + …… + 19 = 190（分钟），即3小时10分，由此可求出停止练习时的时刻（11时30分）和停止练习时他一共跑了的路程：120 × 190 = 22800（米）。

242.盗墓者被抓

我们都知道，单数和单数相加得出的和一定是双数。而根据盗墓者的描述，假如"100"可以分成25个单数的话，那么就是说25个单数的和等于100，即等于双数了，很明显这是不成立的。事实上，25个人如果偷的都是单数的话，那么这里面就有24个单数，即12对单数，另外还有一个单数。每一对单数的和是双数——12对单数相加，它的和也是双数，再加上一个单数得出的和不可能是双数，因此，100块壁画分给25个人，每个人不可能都分到单数。据此可以判断那个自首的盗墓者在说谎。

243.粗心的钟表师傅

问题就出在钟表师傅将时针和分针装反了，时针装在分针轴上，而分针却装到了时针轴上去了。那么，为什么钟表师傅几次来看时，钟却是准的呢？

钟表师傅第一次将钟拨到6点，当他第二次来到老张家时，时间是8点10分，这时，时针已走了2圈还多10分，所以到8字超过一些，而分针应从12点走到2字超过一些，所以钟上所指的时间没有错。

第二天早上7点多时，时针已经走了13圈多一些，应指到7点，而分针从12点走了一圈以后又走到1点。所以在这里，7点05分也是对了。当然，这两个时刻都是巧合，只要过几分钟，这两根针装反了的毛病就不难被发现了。

第六部分　推理判断

244.买裙子

小白兔、小黑兔和小灰兔各买了一条裙子。3条裙子的颜色分别是白色、黑色和灰色。

回家的路上，小兔子说："我一直都想买一条白裙子，今天总算如愿了！"一会儿，它又说道："我们今天可真有意思，白兔没买白裙子，黑兔没买黑裙子，灰兔没买灰裙子。"

小黑兔说："是呀，还真是这样的。"

请你根据它们的对话，判断3只小兔子各买了什么颜色的裙子。

245.实话与谎话

有兄弟二人，哥哥上午说实话，下午说谎话；而弟弟正好相反。一天，一个过路人见到了这兄弟二人，禁不住问道："你们谁是哥哥？"较胖的说："我是哥哥。"较瘦的也说："我是哥哥。"

过路人又问："现在几点了？"较胖的说："快到中午了。"较瘦的说："已经过中午了。"

那么，他们到底谁是哥哥呢？现在是上午还是下午呢？

246.猜职业

在一次生日宴会上，服务员小军遇到了甲、乙、丙3个人，经过了解，小军知道了下面一些情况：3人中一位是律师，一位是推销员，一位是医生；丙比医生的年龄大，甲和推销员不同岁，推销员比乙的年龄小。那么，他们3个人各从事什么职业呢？

247.说谎的人

小军自从进入中学后，对功课抓得很紧，学习成绩提高很快。一天，他遇到一道棘手的难题："张三说李四在说谎，李四说王五在说谎，王五说张三和李四都在说谎。现在问：张三、李四、王五到底谁说的是真话，谁说的是假话。"小军想来想去，就是解不出来。你能帮助小军判断一下谁说的是真话，谁说的是假话吗？

248. 多种语言

在一次讨论会上，有4位朋友聚在了一起，好友相见，自然有很多话题要谈。交谈中，他们用了中、英、法、日4种语言。现已知：

（1）甲、乙、丙各会两种语言，丁只会一种语言；

（2）有一种语言4人中有3人都会；

（3）甲会日语，乙不会英语，丁不会日语；

（4）甲与丙不能直接交谈，乙与丙可以直接交谈，丙与丁不能直接交谈；

（5）没有人既会法语，又会日语。

请问，甲、乙、丙、丁各会什么语言？

249. 少掉的土地

有人拍卖一块土地，说是土地形状为正方形，东西100米，南北也是100米。有人买下这块土地后，用尺一量，发现这块土地的面积只有5000平方米，为什么会这样呢？土地的面积怎么会突然少了一半呢？

250. 录用了谁

一家公司需招一名业务经理。A、B、C、D、E、F6人得到消息后，都去参加面试，最后会录用谁呢？甲、乙、丙、丁4位领导做了如下预测：

甲：A、B有希望。

乙：A、C有希望。

丙：E、F有希望。

丁：不可能是A。

而结果表明，4个人只有1个人的预测是正确的。请问：A、B、C、D、E、F6个人，谁被录用了呢？

251. 猜数字

教授有3个聪明的学生，分别是甲、乙、丙。教授发给他们3个数字（没有0，自然数），每人1个，并告诉他们这3个数字的和是14。下面是甲、乙、丙3人的谈话：

甲：我知道乙和丙的数字是不相等的。

乙：我早就知道我们的数字都不相等。

丙：我知道我们的数字是多少了。

通过3个人的对话，你知道这3个数是多少吗？

252.陈先生的未婚妻

陈先生认识赵、钱、孙、李、周5位女士。其中有关她们的信息如下：

（1）5位女士分为两个年龄层：3位女士小于30岁，两位女士大于30岁；

（2）两位是教师，其他3位是秘书；

（3）赵和孙属于相同年龄层；

（4）李和周不属于相同年龄层；

（5）钱和周的职业相同；

（6）孙和李的职业不同；

（7）陈先生将与一位年龄大于30岁的教师结婚。

请根据这些信息，判断出谁是陈先生的未婚妻。

253.池水高度

水池里有一条装满铅块的船，如果把铅块从船上拿出来，丢进水池中，池水的高度会不会发生变化呢？

254.录取概率

一家公司要招聘一名业务经理，但报名的人足有100个，这样每个人的录取可能性就是1%。所以每个人都非常担心。但有人指点说，不必着急，你们每个人的录取可能性都是1/2。他是这样分析的：

这100个人都可以这样推导：除我之外的99个人中，肯定有98个人要被淘汰，这样，我就与剩下的第99个人竞争这个职位了。所以，我的录取可能性就是1/2了。

由于这100个人都可以这样进行推导，所以他们的被录取概率都由1%变成1/2了，所以他们都用不着担心。真的会是这样吗？

255.正确与错误

传说，古代有一位国王，制定了两种处决犯人的方法——绞刑和杀头。

行刑前，国王允许犯人说一句话，并根据这句话的真伪选择行刑的方式：如果犯人说的话是正确的，他将被送上断头台；如果他的话是错误的，他将被送上绞刑台。这个国王颇为自己的发明感到得意。可是有一天，他的得意被一名囚犯的问答给打碎了。最后，国王只好无可奈何地下令该囚犯免死。

请问，死囚犯是怎么回答的呢？

256.火腿与猪排

老张、老李和老王3人相约去饭店聚餐，他们每人要的不是火腿就是猪排。

（1）如果老张要的是火腿，那么老李要的就是猪排。

（2）老张或老王要的是火腿，但是不会两人都要火腿。

（3）老李和老王不会两人都要猪排。

那么，你能根据上面的信息判断出昨天谁要的是火腿，今天谁要的是猪排吗？

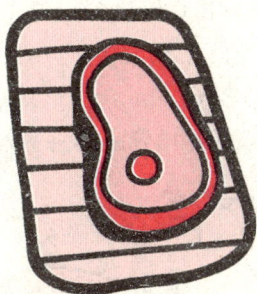

257.作案者

某珠宝店的珠宝被盗，甲、乙、丙、丁4人涉嫌作案被传讯，下面是他们的供词：

甲：作案者是乙。

乙：作案者是甲。

丙：作案者不是我。

丁：作案者在我们4人中。

如果4人中有且只有一个说真话，则以下哪项断定成立？

A. 作案者是甲

B. 作案者是乙

C. 作案者是丙

D. 作案者是丁

E. 题干中的条件不足以断定谁是作案者

258.打赌

清明节，有一对兄弟去扫墓，在回来的路上遇到了一位智者，双方讨论起次日的天气，并愿意为之打赌。

哥哥先对智者说："如果明天不下雨，我给你200元；如果明天下雨，你给我100元。"在哥哥心里，明天不下雨的可能性小，而明天下雨的可能性大；

可是弟弟却不是这么想的，他觉得明天不下雨的可能性大，而明天下雨的可能性小。于是，弟弟又对智者说："如果明天下雨，我给你200元；如果明天不下雨，你给我100元。"

小朋友，如果你是智者，你愿意和他们打赌吗？

259.几朵牡丹花

李先生的花园里盛开着30朵花，它们分别是玫瑰花和牡丹花，无论你摘下任何2朵花，都至少有1朵是玫瑰花。你能判断出李先生的花园里共有多少牡丹花吗？

260. 及格人数

现在有5道试题，要100个人回答，有81人答对第一题，91人答对第二题，85人答对第三题，79人答对第四题，74人答对第五题，答对3道题或3道题以上的人算及格，那么，在这100人中，至少有多少人及格?

261. 骗子

美国前总统林肯说："最高明的骗子可能在所有的时刻欺骗某些人，也可能在某个时刻欺骗所有的人，但不可能在所有时刻欺骗所有的人。"如果林肯的上述断定是真的，那么下述哪项判断是假的?

A. 不存在某一时刻有人可能不受骗

B. 林肯可能在任何时刻都不受骗

C. 不存在某一时刻所有的人都必然不受骗

D. 林肯可能在某个时刻受骗

262. 鲸鱼的居住地

有A、B、C、D、E5条鲸鱼在海面上嬉戏，玩累了后，它们在一个安静的地方休息。鲸鱼们分别居住在不同的海洋深度（800米、900米、1000米、1100米、1200米），关于居住深度比自己深的鲸鱼的叙述都是假的，关于比自己浅的鲸鱼的叙述都是真的，而且只有一条鲸鱼说了真话。它们的对话如下：

A："B住在900米或者1100米的地方。"

B："C住在800米或者1000米的地方。"

C："D住在1100米或者1200米的地方。"

D："E住在1100米或者1200米的地方。"

E："A住在800米或者1000米的地方。"

那么，这5条鲸鱼分别住在哪个深度呢?

263. 黑牌与红牌

有一副牌，拿走大、小王后，还剩52张。现在将这52张牌仔细洗好，然后分成各26张的A、B两堆。如果这样分上一万次，那么请问会有多少次A堆中的黑牌与B堆中的红牌相等?

264. 下雨与游泳

小王、小李和小张准备去游泳。天气预报说今天可能下雨。围绕下雨与游泳的话题，3人展开了讨论。

小王："今天可能下雨，但并不排除今天也可能不下雨，我们还是去游泳吧。"

小李："今天可能下雨，那就表明今天要下雨，我们还是不去游泳了吧。"

小张："今天可能下雨，只是表明今天不下雨不具有必然性，去不去游泳由你们决定。"

对天气预报的理解，下面哪项是正确的呢？

A. 小王和小张正确，小李不正确

B. 小李和小张正确，小王不正确

C. 小王正确，小李和小张不正确

D. 小李正确，小王和小张不正确

E. 小张正确，小王和小李不正确

265. 棘手的问题

老刘和老李是邻居。一天，老李问了老刘一个问题："一个人从出生到现在，究竟是入睡的次数多呢，还是醒来的次数多？又多了多少呢？"老刘想了好久，还是不知道答案。小朋友，你知道答案吗？

266. 首次值班

乔治是一家大公司的仓管员，关于值班情况，现在有如下信息：

（1）值班是按轮流制进行的。从乔治首次值班至今，还不到100天。

（2）乔治首次值班和最近一次值班遇上了他当值期间仅有的两个星期日。

（3）乔治首次值班和最近一次值班是在不同月份的同一日子。

（4）乔治首次值班和最近一次值班的月份天数相同。

请问，乔治首次值班是在一年中的哪个月？

267. 及格与不及格

如果李平考试及格了，那么李华、孙涛和赵林肯定也及格了。由此，我们可以得知：

A. 如果李华、孙涛和赵林都及格了，那么李平的成绩肯定也及格了

B. 如果李平考试没及格，那么李华、孙涛和赵林中至少有一个没及格

C. 如果孙涛的成绩没有及格，那么李平和赵林不会都考及格

D. 如果赵林的成绩没有及格，那么李华和孙涛不会都考及格

268.竞争金奖

在一次国际辩论会上，A、B、C、D、E、F、G和H竞争一项金奖，由一个专家小组投票，票数最多的将获金奖。

如果A的票数多于B，并且C的票数多于D，那么金奖得主是E。如果B的票数多于A，或者F的票数多于G，那么金奖得主是H。如果D的票数多于C，那么金奖得主是F。

如果上述断定都是真的，并且事实上C的票数多于D，并且E没有获得金奖，以下哪项一定是真的？

A. H获奖

B. F的票数多于G

C. A的票数不比B多

D. B的票数不比F多

269.3个青年

鲁道夫、菲利普、罗伯特是3个年轻有为的青年，一个当了歌手，一个考上了大学，一个加入了美军陆战队，现已知：

A. 罗伯特的年龄比士兵的大；

B. 大学生的年龄比菲利普小；

C. 鲁道夫的年龄和大学生的不一样。

请你根据上面信息，判断出3个人中谁是歌手，谁是大学生，谁是士兵。

270.猜国籍

在一次培训课上，坐着A、B、C、D、E、F6人，他们来自美国、德国、英国、法国、俄罗斯和意大利6个国家，现有关他们的信息如下：

（1）A和美国人是牙医；

（2）E和俄罗斯人是教师；

（3）C和德国人是技师；

（4）B和F曾经当过兵，而德国人从没当过兵；

（5）法国人比A年龄大，意大利人比C年龄大；

（6）B同美国人下周要到英国去旅行，C同法国人下周要到瑞士去度假。

请你根据上面的信息判断：A、B、C、D、E、F分别是哪国人？

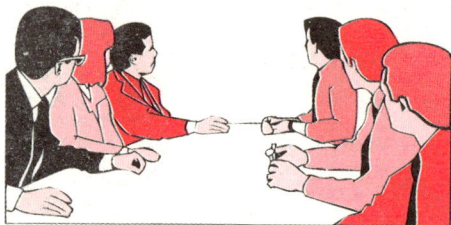

271.书价

小明和小华到新华书店去买《新华字典》。一看书的价钱，发现小明带的钱缺1分钱，小华带的钱缺2.35元；两人的钱凑在一起，还是买不了一本。请问，一本《新华字典》到底要多少钱？

272. 打碎花瓶

6个小朋友去老师家做客，谈笑间有人不小心将桌子上的花瓶打碎了，当老师问到这件事时，他们的答词如下：

夏克：吉姆打碎了花瓶。

汤姆：夏克会告诉你谁打碎了花瓶。

埃普尔：汤姆、夏克和我不太可能打碎花瓶。

克力斯：我没打碎花瓶。

艾力克：夏克打碎了花瓶，所以汤姆和埃普尔不太可能打碎花瓶。

吉姆：我打碎了花瓶，汤姆是无辜的。

如果他们每个人说的话都是假话，那么是谁打碎了花瓶？

273. 分银元

一个富商在家门口对旁人说："在上个星期，我把50枚银元施舍给10个穷人，我不是平分给他们的，而是根据他们的困难程度进行施舍。因此，他们每个人得到银元的枚数都不相同。"一个骑着骆驼的农夫途经此地，听见这些话后非常生气，说："你说的全是谎话，你是一个虚伪的人！"

小朋友，你来想一想，这个农夫为什么这样说？已知富商拿了50枚银元，分给10个人，如果每个人得到银元的枚数都不相同，最少的1枚（不能比这个数再小了），2枚，3枚……10枚，算一算，如果这样分的话，50枚银元够吗？

274. 绑匪与赎金

富豪哈克的独生子离奇失踪了。这天，哈克收到了一封恐吓信："如果你还想见到你的儿子，就准备100万美元的赎金，装进手提包，明晚11点，让司机在世纪公园的雕像旁边挖一个坑埋进去。如果你照我的话做了，那么后天中午，你们父子就可以团聚了。"

哈克心急如焚，马上报了警。警方决定派警察在公园的雕塑旁监视。半夜11点的时候，司机开着车，带着100万美元的手提包来了，按照绑匪的要求，挖了一个很深的坑埋了起来，然后空手走了，警察们死死注视着眼前的一切。可是直到第二天中午，还是没有看见有人来取钱，而哈克的儿子却回家了。警察不知何故，于是挖开埋钱的坑。手提包没有被挖走！但是当他们将手提包打开的时候，却发现里面的100万美元不见了！这是怎么回事呢，警方日夜都监视着那个坑，而司机也确实把手提包放进坑里埋好了，那么这100万美元怎么会突然不见了呢？

小朋友，你知道这是怎么一回事吗？

275. 按劳动量分钱

有3家人住在一个院子里，院内的卫生由住进去的3家女主人共同负责。于是，A夫人清理了5天，B夫人清理了4天，就全部清理干净了；因C夫人正处于怀孕阶段，她只好出了9块钱顶了她的劳动。请问，如果这笔钱按劳动量由A、B两人来分，怎样分才公平呢？

276. 好人与坏人

有一个怪城，城里一边住着好人，一边住着坏人，城门左右各有一个人站岗，其中一个是好人，一个是坏人，好人总是说实话，坏人总是说假话。一个外地人到了这个城门后，不知道站在哪边的是好人。如果不小心问了坏人，就会走到坏人住的地方，吃亏上当。如果你是这个人，你该怎么办？

277. 过元旦

两个远航归来的人见面了。一人说："我年前离开上海，向东航行。当我到美国旧金山的时候，已经是年后数天了。我的新年是在海上度过的，然而有意思的是，我连续过了两个元旦。"另一个说："我和你的航线一样，只是方向相反，当我到上海的时候，也是年后几天，我竟然没有赶上过元旦，真是可惜！"请你判断一下，他俩说得对吗？为什么？

278. 买饼干

玛丽是个贪吃的孩子。一天，她又情不自禁地走进了一家商店。售货员说："白饼干9角钱一袋，黑饼干1元钱一袋。"于是，她买了一袋白饼干，并将1元钱放在柜台上。

这时，吉姆也把1元钱放在柜台上，说："给我一袋饼干。"售货员给了他一袋黑饼干。请问，售货员是怎么知道吉姆想要黑饼干的呢？

279. 乌龟的预言

森林里马上要举行长跑比赛了，乌龟和兔子又被分在了一组。乌龟对兔子说，你的速度是我的10倍，每秒跑10米。如果我在你前面10米远的地方，当你跑了10米时，我就向前跑了1米；你追我1米，我又向前跑了0.1米；你再追0.1米，我又向前跑了0.01米……如果这样的情况一直延续下去，你永远要落后一点，所以你别想追上我了。

小朋友，你觉得乌龟说得对吗？

280. 加薪方案

某公司向员工提供了两个加薪方案，要求他们从中选择一个。第一个方案是：12个月后，在20000元的年薪基础上每年提高500元；第二个方案是6个月后，在20000元的年薪基础上每半年提高125元。这两个方案无论选择哪一个，公司都是每半年发一次工资。

你觉得应该选择哪一个方案好？

281. 猎豹和羚羊

马戏团训练了一只猎豹和一只羚羊，让它们来赛跑，100米直线往返跑。猎豹1步跑3米，羚羊1步只能跑2米，但是猎豹跑2步的时候羚羊能跑3步。在这种情况下，你能猜出赛跑的结果吗？

282. 遇害时间

一天夜里，宁静的小镇里突然传出一声惨烈的尖叫。人们早上醒来时才知道昨晚发生了命案，那一声尖叫是受害者的最后一声。警察向邻居们了解案件发生的确切时间。一位小伙子说是12点08分，另一位老爷爷说是11点40分，服装店的老板说他清楚地记得是12点15分，还有一位老太太说是11点53分。但这4个人的表都不准确，在这些手表里，一个慢25分钟，一个快10分钟，还有一个快3分钟，最后一个慢12分钟。

你能根据上面这些信息，判断出死者的遇害时间吗？

283. 该释放谁

大家都在讨论一起盗窃案。警察局抓来了6个嫌疑犯，这6个人都在不停地辩解。

A："6个人当中只有1个人说谎。"

B："6个人当中只有2个人说谎。"

C："6个人当中只有3个人说谎。"

D："6个人当中只有4个人说谎。"

E："6个人当中只有5个人说谎。"

F："6个人都说了谎。"

警察经过仔细侦查，发现只有1个人说了真话，他们准备释放这个人。

小朋友，你能猜出来这6个人中，说真话的是谁吗？

284. 肇事的汽车

一辆汽车撞伤了一位老人后匆匆逃走了，警察立即赶到了出事地点。一位见证人说："当时我正在开车，在反光镜中发现自己车的后面有一辆车突然拐向小路，飞驰而去，十分可疑。所以，我就记下了那辆车的车牌号——18UA01。"警察说："那可能就是肇事的车，我马上命人搜捕这辆18UA01号车！"几小时后，警察被告知，证人提供的车号是个空号。现在已把近似车号的车都找来了，有18UA81号、18UA10号、10AU81号和18AU01号共4辆车。

警察看了看这4个车号，想了想，终于从中找出了那辆肇事车。你知道是哪个吗？

285. 真正的预言家

阿尔法、贝塔、伽玛和欧米伽是4位非常有才的女人。她们之中有一个后来当了预言家，并在特尔斐城谋得了一个职位；其余3个人，一个当了职业舞蹈家，一个当了宫廷侍女，另一个当了竖琴演奏家。

一天，她们4位聚在一起聊了起来。

阿尔法：贝塔无论如何也成不了职业舞蹈家。

贝塔：伽玛终将成为特尔斐城的预言家。

伽玛：欧米伽不会成为竖琴演奏家。

欧米伽：我将嫁给一个叫阿特克赛克斯的男人。

可是，事实上她们4个人当中，只有一个人的说法是正确的，而正是这人后来当上了特尔斐城的预言家。

请你判断：她们4个人各自的职业是什么？欧米伽和阿特克赛克斯结婚了吗？

286. 分碟片

一天，明明到珍珍家做客。席间，明明问："你家还有碟片吗？"

珍珍回答说："我已经把一半碟片和一张碟片的一半送给了同学。没过多久，又把剩下的一半碟片和一张碟片的一半送给了另一个同学。现在家里只有一张碟片了。你要是能说出我原来有几张碟片，我就把这剩下的一张碟片送给你。"聪明的明明想了想，很快就知道了答案，于是，他也就理所当然地拿到了珍珍的最后一张碟片。你能说出珍珍原来有几张碟片吗？

287. 仓库被盗案

甲、乙、丙、丁4人是仓库的保管员。一天，仓库被盗，经过侦查，最后发现这4个保管员都有作案的嫌疑。又经过核实，发现是4人中的两个人作的案，下面是关于这次盗窃案的一些信息：

（1）甲、乙两个中有且只有一个人去过仓库；

（2）乙和丁不会同时去仓库；

（3）丙若去仓库，丁必一同去；

（4）丁若没去仓库，则甲也没去。

那么，你能判断出作案者是哪两个人吗？

288. 指纹在哪里

维克向托尼借了一大笔钱，买了一栋豪华的别墅，可现在已经过去一年多了，维克还没有还一分钱。托尼实在是无法忍受，准备向他讨要。他来到了维克新家的门外，按响了门铃。很显然，两人见面后话不投机，没过多久就动手打了起来。高大的托尼用两只手死死地掐住维克的脖子，维克在挣扎中左手摸到一个锤子砸向了托尼的头，托尼随即倒地毙命。

杀死托尼后，维克马上把托尼的尸体拖到后院掩埋起来，然后把现场的血迹擦拭干净，又认真清理了沙发、地板和托尼可能碰过的所有东西，不留一个指纹。后来，警察发现了托尼的尸体，经过调查，他们把维克定为了嫌疑对象。这天，维克正在家看电视，门外忽然响起了急促的敲门声，是两名警察。他们奉命来搜查，结果发现了托尼的指纹，从而确定维克是杀死托尼的真凶。

那么，你知道这个指纹藏在了哪里吗？

289. 真正的凶手

昨晚，德怀特在寓所被杀，艾伯特、巴尼和柯蒂斯3人成为嫌疑犯受到警方传讯。犯罪现场的证据表明，可能有一名律师参与了对德怀特的谋杀。

这3人中肯定有一人是凶手，每一名嫌疑人的两条供词是：

艾伯特：（1）我不是律师。（2）我没有谋杀德怀特。

巴尼：（3）我是个律师。（4）但是我没有杀害德怀特。

柯蒂斯：（5）我不是律师。（6）有一名律师杀了德怀特。

最后警方经过研究发现：

A. 上述6条供词中只有两条是真话。

B. 3个嫌疑人当中只有一个不是律师。

你能根据上面提供的信息，判断出谁是凶手吗？

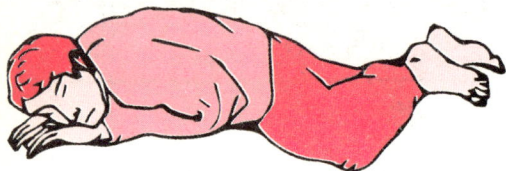

290. 住宿的时间

甲到某市去看望乙，顺便在乙家小住了一段时间。早上起来，他们一起去跑步；晚上，他们一起去打网球。由于这些活动对体力会有一定的消耗，所以他们每天最多只进行其中的一项活动。也就是说，他们或者跑步，或者打网球。不过，也有几天他们没有进行任何活动，整天待在家里。至甲离开乙家时，他们共有8个早上什么也没有做，有12个晚上待在家里，去跑步或者去打网球的日子总共12天。

那么，甲在乙家一共住了多少天呢？

291. 猜车

罗伯特、欧文、马赛宁一起到汽车中心买了汽车，汽车的牌子是奔驰、本田、皇冠。他们一起来到朋友吉米家里，让吉米猜猜他们每个人买的是什么牌子的车。吉米想了想，猜道："罗伯特买的是奔驰车，马赛宁买的肯定不是皇冠车，欧文自然不会是奔驰车。"然而遗憾的，吉米的这种猜法，只猜对了一个。据此可以推知：

A. 罗伯特买的是奔驰车，欧文买的是皇冠车，马赛宁买的是本田车

B. 罗伯特买的是本田车，欧文买的是奔驰车，马赛宁买的是皇冠车

C. 罗伯特买的是皇冠车，欧文买的是奔驰车，马赛宁买的是本田车

D. 罗伯特买的是奔驰车，欧文买的是本田车，马赛宁买的是皇冠车

292.学习时间

小力的学习成绩很差，经常抱怨学习的时间不多。有一次，他又对朋友说："我想告诉你，我的时间太紧张了，以致我没有学习的时间。你想想，我每天睡觉的时间是8个小时，这样一年的睡眠时间就是122天。我们寒假和暑假加起来又有60天。我们每周有两天的休息时间，那么一年又要休息104天。我每天要花3个小时的时间吃饭，那么一年就需要46天。我每天从学校到家走路共需要两个小时，这些又有30天。你看看，所有的这些加起来有362天了。"他停了一下说："我一年中学习的时间只有4天，成绩能好吗！"

我们都知道小力的说法是错误的，那么，你知道小力的说法错在哪里吗？

293.网球联赛

艾伦、巴特、克莱、迪克和厄尔每人都参加了两次网球联赛，每场比赛都不会有平局的情况，下面的信息是关于比赛的一些情况：

（1）每次联赛只进行了4场比赛：艾伦对巴特，艾伦对厄尔，克莱对迪克，克莱对厄尔；

（2）只有一场比赛在两次联赛中胜负情况保持不变；

（3）艾伦是第一次联赛的冠军；

（4）在每一次联赛中，输一场即被淘汰，只有冠军一场都没输。

请你根据上面提供的信息，判断出谁是第二次联赛的冠军。

294.3位杰出的女性

安妮特、伯尼斯和克劳迪娅是3位杰出的女性，有关她们的一些信息如下：

（1）恰有两位十分聪明，恰有两位非常漂亮，恰有两位多才多艺，恰有两位很富有；

（2）每位女性至多只有3个引人注目的特点；

（3）对于安妮特来说，如果她非常聪明，那么她也很富有；

（4）对于伯尼斯和克劳迪娅来说，如果她十分漂亮，那么她也多才多艺；

（5）对于安妮特和克劳迪娅来说，如果她很富有，那么她也多才多艺。

请你根据上面的信息，判断哪一位女性并非很富有。

295. 劫匪的巧克力

暑假里的一天，勒鲁瓦跟小伙伴们一起在球场上踢球。一场球踢下来，全身都被汗水湿透了，布朗局长下班回家，开车经过球场时，便将小侦探带回了家。

车里开着空调，勒鲁瓦一钻进去，顿时感到凉爽宜人。就在这时，汽车里的电话响了，刑警队长向布朗局长报告说是刚刚市中心的银行被抢，匪徒开着蓝色的汽车，沿着高速公路向北逃跑了。

布朗局长立即将车开上高速公路，并通过无线电向下属发布命令，要他们四处堵截可疑的蓝色车辆。

尽管作了这样的布置，可是要在高速公路上追捕一辆可疑的车辆谈何容易，尤其是高速公路向北的不远处就有一个岔路，怎么知道匪徒朝哪个方向逃跑呢？除非有个目击者指引一下方向。恰巧在岔道口旁有个青年，他要求搭乘布朗局长的汽车，局长为了探路就让他坐了上来。

"你在这里站了多少时间？"

"足足一个多小时。天气太热了，可把我热坏了！"

"你见过一辆蓝色汽车吗？"

"哦，见过，我想拦下他载我一程，但他开得太快了！"

"那它朝哪个方向去了呢？"

"朝东。"

布朗局长忙驱车向东开去，车上那搭乘的青年从衣袋里拿出一只橘子和一块巧克力，问坐在旁边的勒鲁瓦："你喜欢吃什么？"

勒鲁瓦问布朗局长："爸爸，我可以吃陌生人的东西吗？"

局长说："今天看来吃不成晚饭了，你就先吃一点充饥吧。"

勒鲁瓦要了一块巧克力，用力一掰，巧克力发出"咔嚓"一声清脆的响声，他将半块丢进嘴里，像是在品味巧克力的美味，实际上他的脑子正在思索……他拿出笔来，在巧克力的包装纸上写了一行字，又包起另半块巧克力递给前座的布朗局长："爸爸，你也吃点巧克力吧！"

局长接过巧克力，看了包装纸上的字后，马上停车，把青年喊出来喝问道："你是劫匪的同伙吧！站在交叉路口想故意把我们引入歧途？"

那青年脸色煞白，他还不知是巧克力使他露了馅，还以为布朗局长神机妙算呢！他只好承认了犯罪事实，重新指出那蓝色汽车逃跑的真实方向，布朗局长在车中对部下作了布置，四处合围，很快就抓到了抢劫犯。

小朋友，你知道这张包装纸上写了什么内容吗？

296.高个与矮个

有100个身高不同的人任意排成一个10×10的方阵。

先从每行的10人中挑选出一个最高的人，10行共挑出10个"高个"。并从这个"高个"中挑出一个最矮的人，把这个叫作"高个里的矮子"。然后让他们各自回到原来的位置。再从每一列的10人中找出一个最矮的人，共找出10个"矮子"。

同样，在10个"矮子"中选出一个最高的人，叫作"矮子里的高个"。

那么，"矮子里的高个"与"高个里的矮子"相比，到底谁高？

297.做饭的时间

一家4口人要一起吃饭，他们的晚饭是炸土豆和小黄鱼，其中父亲要吃炸2分钟的土豆和7条炸6分钟的鱼；母亲要吃炸4分钟的土豆和4条炸10分钟的鱼；妹妹要吃炸5分钟的土豆和3条炸12分钟的鱼；哥哥要吃炸4分钟的土豆和5条炸14分钟的鱼。如果这家人只有一个炸锅，那么，做这顿饭至少需要多长时间？

参考答案

244.买裙子

根据题目已知条件，我们可以知道买白裙子的不是小黑兔就是小灰兔，而从它刚把话说完小黑兔就接着说的情况看，第一个说话的，也就是买白裙子的，一定是小灰兔，接下来我们就很容易判断出小黑兔买的是灰裙子，小白兔买的是黑裙子。

245.实话与谎话

假设现在是上午，那么哥哥说实话，也就是较胖的是哥哥，不矛盾，成立。假设现在是下午，那么弟弟说实话，而两个人都说我是哥哥，显然弟弟在说谎话，所以矛盾。因此，现在是上午，较胖的是哥哥。

246.猜职业

由题目提供的信息"甲和推销员不同岁，推销员比乙年龄小"，可推知丙为推销员。由"丙比医生的年龄大，推销员比乙的年龄小"，可知乙为律师，甲为医生。

247.说谎的人

一个人所讲的话，不是真话就是假话，因此，可以列出下面的一张表。

张三	李四	王五
假	假	假
假	假	真
假	真	假
假	真	真
真	假	假
真	假	真
真	真	假
真	真	真

从题意上可以很容易看出，张三和李四同时都说假话的情况是不可能存在的。因为，若李四说的是假话，那么张三说李四在说谎就是真话了；反之亦然。所以表格中的第一行和第二行的情况是不可能出现的。

应用类似的推理方法，我们很容易推出，除了第三行以外，表格中的其他各行都不成立。本题的答案是，张三和王五都说了假话，只有李四说的是真话。

248.多种语言

根据题目已知条件（4）、（2）可知甲、乙、丁3人都会某一种语言。因为丁不会日语，所以3人都会的不应该是日语。甲会日语，但是没有人既会日语又会法语，那么甲不会法语，所以3人都会的不应该是法语。乙不会英语，3人都会的也不应该是英语。那甲、乙、丙3人都会的只能是中文。下面，我们根据条件很容易得知，甲会的是中文和日语，丁会中文。甲和丙不能直接交流，那么丙会的就是英语和法语。乙不会英语，乙可以和丙直接交流，那么乙会的是法语，所以，乙会的就是法语和中文。

249.少掉的土地

原来，这块土地的南北和东西方向是这个正方形的两条对角线。所以面积不是10000平方米，而是5000平方米。

250.录用了谁

因为只有1个人的预测是正确的，而甲、乙两位领导都说A有希望，因此可以得知录用的不可能是A，据此又可以判定丁预测正确。所以甲、乙、丙3人的预测都不对，这时候我们就很容易判断出D被录用了。

251.猜数字

根据甲说的话，可以知道甲的数字是单数。只有这样才能确定乙丙的数字之和是个

单数，所以肯定不相等。根据乙说的话，说明乙的数字是大于6的单数。因为只有他的数字是大于6的单数，才能确定甲的单数和他的不相等，而且肯定比自己的小，否则，和就会比14大。这样，丙的数字就只能是双数了。丙根据自己手上的数字知道前两个人的数字之和，又知道其中一个是大于6的单数，且另一个也是单数，可知这个和是唯一的，即7＋1＝8。据此，我们可以知道甲、乙、丙3人手上的数字分别是1、7、6。

252.陈先生的未婚妻

由题目已知条件可知，3位女士小于30岁，两位女士大于30岁，赵和孙属于相同年龄层，李和周不属于相同年龄层，可以判断出赵和孙小于30岁。两位女士是教师，其他3位女士是秘书，钱和周的职业相同，孙和李的职业不同。所以钱和周是秘书，因此，可以判断出李女士是陈先生的未婚妻。

253.池水高度

当铅块放在船上时，浮力等于船和铅块的总重，即有相当于船和铅块总重的水量被排开而使水位升高；将船上的铅块丢入水中后，只排开与铅块同体积的水重。由于铅块的密度比水大得多，所以池水会下降。

254.录取概率

不会。

因为参加的每一个人都是相同的，没有一个人是特殊的可以不用与另外应聘者竞争的。所以，"除我之外的"这种说法本身就是错误的。因此所以100个人里的每一个人都是一百分之一，概率都是相同的。

255.正确与错误

那位死囚说："看来我一定会被绞死。"这一句话倒使国王左右为难，如果把囚犯送上绞刑架，那囚犯的话就是正确的，按国王的原则就应该送他上断头台，但如果把他送上断头台，囚犯的话又成了错误的，所以依国王的原则又该送他上绞刑架。聪明的囚犯抓住了国王行刑办法中的言辞漏洞，把一个两难推理送给了国王。

256.火腿与猪排

根据（1）和（2），如果老张要的是火腿，那么老李要的就是猪排，老王要的也是猪排。结合（3）我们会发现，这种情况与（3）矛盾。因此，老张要的只能是猪排，于是，根据（2），老王要的只能是火腿。

因此，只有老李才能昨天要火腿，今天要猪排。

257.作案者

选C。

如果甲是作案者，那么乙、丙、丁说的都对。如果乙是作案者，那么甲、丙、丁说的都对。如果丙是作案者，那么只有丁说的对，符合要求。如果丁是作案者，那么丙丁说的都对。故选C。

258.打赌

假设明天下雨，那么智者输给哥哥100元，却赢弟弟200元，最终赢得100元。假设明天不下雨，智者赢哥哥200元，输给弟弟100元，最终赢得100元。因此，无论明天是否下雨，智者总是能得到100元，所以智者应该跟兄弟俩打赌。

259.几朵牡丹花

只有1朵。

260.及格人数

第一题答错的有19人；第二题答错的有9人；第三题答错的有15人；第四题答错的有21人；第五题答错的有26人。答错3道或3道以上者最多15人。所以，至少有85人及格。

261.骗子

选A。

根据林肯所说的，骗子不可能在所有时刻欺骗所有的人，那就有可能在某个时刻有人不受骗，也就是说，存在某一个时刻，在这个时刻有人可能没有受骗。

262.鲸鱼的居住地

鲸鱼A：1100米；鲸鱼B：1200米；鲸鱼C：800米；鲸鱼D：900米；鲸鱼E：1000米。

假设A为真，其余为假。A为真，则A为1000以上、B为900米或者B为1100米、A为1200米。其余为假，则推出A>E >D >C >B，B应该为最小值800。显然，假设错误。

假设B为真，其余为假。其余为假，则推出B >A >E >D >C，C应该为最小值800，B为1200，A为1100，E为1000，D为900，没有矛盾，假设正确。

假设C为真，其余为假。其余为假，则推出C >B >A >E >D，D应该为最小值800，显然与C真矛盾。别的假设大家也可以试一下，这里就不赘述了。

263.黑牌与红牌

全相等。

52张里有黑牌、红牌各26张。分成两堆，假设一堆中红牌有a张，那黑牌就有26减a张；另外一堆的红牌数就是26减a张，黑牌数就是26减去这堆的红牌数，也就是a张。很显然，无论怎么分，一堆中的黑牌数与另外一堆的红牌数永远相等。这道题考察的是细心，注意题目问的是什么。

264.下雨与游泳

正确答案是A。

"可能下雨"代表下雨和不下雨两种情况，小王、小张的说法都没有错，而小李则只包含了一种情况"一定会下雨"，太过绝对。

265.棘手的问题

我们知道，人每次入睡都会有醒来的时候，所以这个问题要考虑我们出生的时候是睡着的还是醒着的。如果我们出生时是睡着的，那么我们的第一个动作就是醒来，所以醒来的次数比入睡的次数多1次；如果我们出生的时候是醒着的，那么我们的第一个动作就是入睡，所以入睡的次数和醒来的次数是一样多的。

266.首次值班

12月份。

根据（2），推出乔治首次值班和最近一次值班相距的天数一定是7的倍数。根据（3）和（4），乔治首次值班不会是在2月份，因为一年内没有其他月份与2月份天数相同。也由此推出乔治首次值班和最近一次值班相距天数大于28，而一定为以下某种情况：35、42、49、56、63、70、84、91、98。

再结合（3），乔治首次值班和最近一次值班相距或者正好2个月或者正好3个月，1个月的排除。接着我们从1月开始，相差2

个月为59或60天，相差3个月为90或91天；3月，相差2个月为61天，相差3个月为92天；……依次类推，大家可以发现，相差2个月一般为60、61或62，相差3个月一般为90、91、92几种，结合前面的，显然相差91是正确的情况。

同时，观察相差3个月为91天的月份有1、4、9、12 4种情况。再结合之前条件，首次1月，最近为4月，所在月份天数不同，排除；同理排除4月、9月，答案为12月。

267.及格与不及格

选C。

如果孙涛的没有考及格，这就否定了充分条件假言命题"如果李平考试及格，那么李华、孙涛和赵林肯定也及格了"。所以可以推出否定的前件，即孙涛考试不及格，所以便可推出李平和赵林不会都及格。

268.竞争金奖

选C。

只要认真考虑一下，你就会发现，这道题中只有第一个断定是有用的，另外两个断定都是干扰项。因为C的票数多于D，但是E没有得到金奖。

269.3个青年

菲利普是歌手，罗伯特是大学生，鲁道夫是士兵。

根据条件B，我们可以知道菲利普不是大学生，而根据C也可以知道鲁道夫不是大学生，所以大学生是罗伯特。而根据A，罗伯特的年龄比士兵的大，条件B中，罗伯特比菲利普的年龄小，那么，鲁道夫就应该是士兵，所以菲利普是歌手。

270.猜国籍

由（3）可知C不是德国人，由（5）可知C不是意大利人，由（6）又可知C既不是美国人也不是法国人。又由（3）知道C是技师，由（2）可知C不是俄罗斯人。所以我们可以判定C是英国人。根据（1）可知A不是美国人，根据（2）和（3）可知A既不是俄罗斯人也不是德国人，根据（5）可知A不是法国人，所以我们就可以判定A是意大利人。根据（4）可知B不是德国人，根据（6）可知B既不是美国人也不是法国人，所以B应该是俄罗斯人。根据（2）、（1）、（3）可知E既不是美国人也不是德国人，所以可判定E是法国人。根据（4）可知F不是德国人，所以可判定F是英国人。最后，我们就很容易知道D是德国人。

271.书价

小明买这本书还缺1分钱，小华要是能将这1分钱补上，就能买这本书了。可是小明、小华的钱凑在一起，还是买不了这本书，这说明小华连1分钱也没带。题中说，小华买这本书缺2.35元，那么2.35元正好是这本书的价钱了。所以买一本《新华字典》要花2.35元。

272.打碎花瓶

克力斯和汤姆。

因为他们每个人说的都是假话，所以我们再根据克力斯和吉姆的说辞就能很快判断出花瓶是克力斯和汤姆打碎的。

273.分银元

要让10个人拿到数量不同的银元，至少要1+2+3……+10＝55（枚）。

274.绑匪与赎金

那个司机就是绑匪。他先准备一个和装钱的手提箱一样的空箱子，然后在警察的监视下，埋下空箱子，而装有赎金的箱子还在他的车上。

275.按劳动量分钱

这道题不能单纯按A夫人5块钱、B夫人4块钱来分配。两个人总共干了9天，若3个人则每人平均3天。因此，A夫人顶C夫人做的工，实际上是5－3＝2；而B夫人替C夫人所做的工，则是4－3＝1。A、B两夫人应该按顶C夫人做工的比例来分这笔钱，所以A夫人应分6块钱，B夫人应分3块钱。

276.好人与坏人

这个人可以这样问："如果我问对面那个人应往哪边走，他会怎样告诉我？"这是个非常巧妙的问法，它把两个相反的回答变成了一个统一的结果：最后必然是一个真话一个假话。真话对结果没有影响，假话把路给指错了。

277.过元旦

他们说得都对。地球是一个圆球，为了区分"今天"和"明天"，人们在180度经线附近，划定了一条国际日期变更线，凡是通过这条线的船只，日期都得变更。从上海开往美国的船只一开过这条线就要少算1天，如果原来已经过了元旦，只能再过一次元旦。而从美国开到上海的船只，一开过这条线，就得多算1天，所以没有过上元旦。

278.买饼干

吉姆已经知道了价格，并且把1元钱放在了柜台上。这1元钱是由1张5角、2张2角、1张1角组成的。如果他想要白饼干的话，就不会把1角钱也放在柜台上了。

279.乌龟的预言

乌龟说得不对。乌龟之所以那么说，是因为它只看到了速度和距离，却没考虑时间。实际上，兔子只要用10/9秒的时间就能与乌龟相遇，然后，兔子就跑到乌龟的前面去了。

280.加薪方案

很多人看到题目后，不假思索就选择了第一个方案，认为第一个方案比较有利。实际上，第二个方案才是有利的。

第一个方案（每年提高500元）：
第一年10000 + 10000 = 20000元
第二年10250 + 10250 = 20500元
第三年10500 + 10500 = 21000元
第四年10750 + 10750 = 21500元
第二个方案（每半年提高125元）：
第一年10000 + 10125 = 20125元
第二年10250 + 10375 = 20625元
第三年10500 + 10625 = 21125元
第四年10750 + 10875 = 21625元

很明显，通过上面的数据，第二个方案的加薪多出了125元！

281.猎豹和羚羊

赛跑的结果是羚羊获胜。

羚羊跑100步刚好完成这段路程的来回，而猎豹却相反，它必须跑到102米再回头，因为它33步到达99米，必须再跑1步，那样就超过了端线2米。所以猎豹完成全程必须跑68步，但猎豹的速度只有羚羊的2/3，所以当羚羊跑了100步的时候，猎豹还没有跑完67步。

282.遇害时间

只要你认真思考一下，这道题的答案马上就会出来。只要从最快的手表（12：15分）中减去最快的时间（10分钟）就行了，这样死者遇害的时间就是12：05分。

283.该释放谁

E说了真话。如果F说了真话，和题意显然不符。如果A说了真话，显然有5个人都没有撒谎，那BCDEF几个人的证词不可能有4个都是真话。同理，排除BCD。而E显然肯定了1个人讲真话，其余5个人都撒谎，不矛盾。

284.肇事的汽车

是10AU81，因为是在反光镜里看到的，所以号码是反的。

285.真正的预言家

如果贝塔的预言是正确的，那么伽玛将成为特尔斐城的预言家。这样，伽玛的预言也是正确的。结果就将有两个预言家，这与题目已知条件不符。因此，贝塔的预言是错的，她后来没有当上预言家。

因为贝塔的预言是错的，所以伽玛后来也没有当上特尔斐城的预言家。伽玛的预言也是错的。伽玛曾经预言"欧米伽不会成为竖琴演奏家"。既然这个预言是错的，那么欧米伽日后将成为竖琴演奏家，而不是预言家。

排除了贝塔、伽玛、欧米伽，那么预言家就只能是阿尔法。

既然阿尔法是预言家，那么阿尔法的预言是正确的，所以贝塔不能成为职业舞蹈家，只能是宫廷侍女了。

这样，4个人的职业分别就是：阿尔法成为预言家；欧米伽成为竖琴演奏家；贝塔成为宫廷侍女；伽玛是职业舞蹈家。

因为欧米伽的预言是错误的，所以后来她没有同名叫阿特克赛克斯的男人结婚。

286.分碟片

珍珍原来有碟片7张。第一次送给同学4张，留下3张；第二次送给同学2张，最后剩1张。

287.仓库被盗案

甲和丁。

根据（1），推出甲丙、甲丁、乙丙、乙丁4种情况。

根据（2），排除乙丁。

根据（3），若丙去，则丁必然去，排除甲丙、乙丙。

根据（4），甲、丁必然同步，确定了推断的正确性。

288.指纹在哪里

如果你是个细心的人，你就会从题目找到答案。题目中讲到，托尼是按门铃进来的，所以门铃上还留有一个指纹，警察在搜查的时候发现了这个指纹。

289.真正的凶手

根据题目已知条件可得知，（2）和（4）之中至少有一条是实话。

如果（2）和（4）都是实话，那杀了德怀特的人就是柯蒂斯；这样，根据A可以判断，（5）和（6）都是假话。但如果德怀特是柯蒂斯杀的，那么（5）和（6）就不可能都是假话。因此，可以判定德怀特不是柯蒂斯杀的。

于是，（2）和（4）中只有一条是实话。

根据B，（1）、（3）和（5）中不可能只有一条是实话。而根据A，现在（1）、（3）和（5）中至多只能有一条是实话。因此（1）、（3）和（5）都是假话，只有（6）是另外的一条真实供词了。

由于（6）是真话，所以确实有一个律师杀了德怀特。还由于根据前面的推理，德怀特不是柯蒂斯杀的；（3）是假话，即巴尼不是律师；（1）是假话，即艾伯特是律师。从而，（4）是实话，（2）是假话。

所以我们可以判定德怀特是艾伯特杀的。

290.住宿的时间

设甲与乙早上跑步、晚上待在家中的天数为x，早上待在家中、晚上打网球的天数为y。

既没有跑步也没有打网球的天数为z。那么，根据条件，可以列出方程式：$y + z = 8$，$x + z = 12$，$x + y = 12$。现在只要求出$x + y + z$的和就可以了。将上面3个方程式相加，然后两边同时除以2，便可以得到$x + y + z = 16$。

所以，甲在乙家一共住了16天。

291.猜车

如果罗伯特买的是奔驰，那第三句也是对的，所以罗伯特买的不是奔驰，故排除了A、D。根据选项，可以确定欧文买的是奔驰，也就是说第三句话猜对了，所以前两句话都是错的，所以马赛宁买的是皇冠。应该选B。

292.学习时间

小力在计算的时候，很多时间都重复了，比如说假期中的睡眠时间和吃饭时间，一周当中的睡眠和吃饭时间，以及他多算了很多上学时走路的时间。

293.网球联赛

由（1）可知，艾伦、克莱和厄尔各比赛了两场；因此，根据（4）又可知，他们每人在每一次联赛中至少胜了一场比赛。根据（3）和（4），艾伦在第一次联赛中胜了两场比赛；于是克莱和厄尔在第一次联赛中各胜了一场比赛。这样，在第一次联赛中各场比赛的胜负情况如下：

艾伦胜巴特 艾伦胜厄尔（第四场）

克莱胜迪克 克莱负厄尔（第三场）

根据（2）以及艾伦在第二次联赛中至少胜一场的事实，艾伦必定又打败了厄尔或者又打败了巴克。如果艾伦将厄尔打败了的话，那么厄尔必定又将克莱打败了，这与（2）矛盾。所以艾伦不是打败了厄尔，而是打败了巴特。这样，在第二次联赛中各场比赛的胜负情况如下：

艾伦胜巴特（第一场） 艾伦负厄尔（第二场）

克莱负迪克（第四场） 克莱胜厄尔（第三场）

在第二次联赛中，一场也没有输的只有迪克。因此，根据（4），迪克是第二次联赛的冠军。

294.3位杰出的女性

根据（3）和（5），如果安妮特非常聪明，那她也多才多艺。根据（5），如果安妮特富有，那她也多才多艺。根据（1）和（2），如果安妮特既不聪明也不富有，那她也是多才多艺。因此，不论情况是哪一种，安妮特总是多才多艺。

根据（4），如果克劳迪娅非常漂亮，那她也多才多艺。根据（5），如果克劳迪娅富有，那她也多才多艺。根据（1）和（2），

如果克劳迪娅既不漂亮也不富有，那她也是多才多艺。因此，不论情况是哪一种，克劳迪娅总是多才多艺。

于是，根据（1），伯尼斯并非多才多艺。再根据（4），伯尼斯并不漂亮。从而根据（1）和（2），伯尼斯既聪明又富有。

再根据（1），安妮特和克劳迪娅都非常漂亮。

于是根据（2）和（3），安妮特并不聪明。从而根据（1），克劳迪娅很聪明。最后，根据（1）和（2），安妮特应该很富有，而克劳迪娅并非很富有。

295.劫匪的巧克力

包装纸上写着："这个青年人不老实，他说在这里已经等了一个小时了，但是在气温这么高的情况下，巧克力在他的衣袋里居然没有软化。"

296.高个与矮个

设"高个里的矮子"为A，"矮子里的高个"为B。

由于这100个人高矮各不相同，又是任意排列的，所以A与B可能出现在任何位置上。但总不会超出下面4种情况。

（1）A与B在同一行里。这时，尽管A是高个里的矮子，但在同一行里，他总是最高的，所以，A >B。

（2）A与B在同一列里。同样，尽管B是矮子里的高个，但在同列中，他总是最矮。所以，A >B。

（3）A与B既不在同一行，也不在同一列。这时，我们总可以找到一个C，使他既与A同在一行中，又与B同在一列中。那么由于A与C同行，且A是这一行中的高个，则A

>C。同样，C与B同一列，B是这一列中的矮子，则C >B，所以A >B。

（4）A与B正好是一个人。A = B。

所以综合这些条件可以得知，除了A与B是一个人外，无论在什么情况下，"高个里的矮子"总比"矮子里的高个"高。

297.做饭的时间

需要14分钟，把19条鱼和足量的土豆一起炸，在个人希望的时间里捞出各人要吃的量即可。

第七部分　智力快车

298.零用钱

两个父亲都非常爱自己的儿子。一天，他们分别给自己的儿子零用钱。其中一个父亲给了儿子2000元，另一个父亲给了儿子1000元。但是，这两个儿子将钱放在一起的时候，却发现一共只有2000元。你知道这是怎么回事吗？

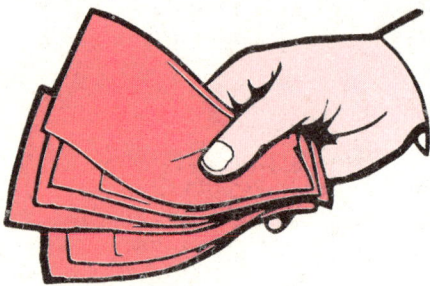

299.田忌赛马

孙膑是战国时期的军事家，他同齐国的将军田忌的关系非常好。田忌经常同齐威王赛马。马分三等，比赛时，以上马对上马，中马对中马，下马对下马。因为齐威王每一个等级的马都要比田忌的强，所以田忌屡战屡败。孙膑知道后，看到齐威王的马比田忌的马跑得快不了多少，于是对田忌说："再同他比一次吧，我有办法让你获胜。"

临场赛马那天，双方都下了千金赌注。锣鼓一声响，比赛开始了。田忌按照孙膑教的方法去做，最后果然赢了齐威王。

你知道孙膑是怎么做到的吗？

300.斤鸡斗米

有个农民进城，不小心踩死了米店老板的一只小鸡。老板揪住他，要他赔900文钱。这时，知县段广清正好路过，说："一只小鸡，怎么值这么多钱？"老板答道："我这只鸡品种极好，喂养3个月，就能长9斤肉。现在的市价是鸡每斤100文，不是900文吗？"

段广清听了，故意板起面孔叫农民赔偿。农民见县老爷生气的样子，吓出一身冷汗，慌忙把钱全掏了出来，又脱下衣服去典当。结果，还差300文，急得他如热锅上的蚂蚁。段广清见农民实在没有办法了，便从自己的衣兜里掏出钱来，凑足数赔给了米店老板。老板接过钱，连忙叩头谢恩。当他正要转身进店时，不想却被县老爷喝住。"这件案子我还未判完呢！"

小朋友，你知道段广清下面该怎么判吗？

301.盖章

小伟正在喂10头牛。这10头牛的外观和体形都很像，因此很难辨认，所以为了容易分辨，小伟在它们的身上盖了章。这里有0至9共10个印章，请问至少要用到几个印章？

302. 击中帽子

有一个入伍不久的士兵，刚学会开枪。在一次训练中，教导员让他手握一把枪，然后用眼罩把他的眼睛蒙上，再将他的帽子挂起来，让这个士兵向前走了40米，然后反身开枪，要求子弹必须击中那顶帽子。你知道怎么做才能让士兵一定击中那顶帽子吗？

303. 李四的猎物

李四是一个山区的猎人，平时靠打猎为生。这一天，他和往常一样整理好自己的东西后就出门了。等到天黑时，李四回来了。妻子上前问他今天打了多少猎物？李四想难为一下妻子，就不紧不慢地说道："打了6只没头的，8只半个的，9只没有尾巴的。"聪明的妻子马上就知道他打了几只。

小朋友，你猜出来了吗？

304. 月球上的鸟

月球上的重力只有地球上的1/6。有一种鸟在地球上飞20公里要用一个小时，如果把它放到月球上，那么飞20公里需要多长时间呢？

305. 人体中的骨头

生物课上，老师对同学们说："我们的身体里有206块骨头。"可是小明却举手说："我和你们不一样，我身体里有207块骨头。"请问这可能吗？

306.提问

在一个古老的城镇里，住着一位著名的占卜师。有一名男子去拜访这位占卜师，请他为自己占卜。但占卜师家的门口写着："每两个问题的费用为20元。"他身上只带了25元，他认为费用过于昂贵，便问师父："不管我的问题多长，也算是一个问题吗？"占卜师回答："是的。"他又问："不管我的问题多短，也算是一个问题吗？"占卜师回答："当然。"他仔细想了想，便找出了最有效率的问法。请问，他可以问几个问题？

307.抓骨头

一只小狗被一根两米长的绳子拴在了树上，在离树2.1米远的地方有一块骨头，小狗无法够到。请问，它应该用什么办法抓骨头呢？

308.螃蟹比赛

一个体长20厘米的黑螃蟹和一个体长10厘米的红螃蟹比赛跑步。请你判断一下，谁会赢呢？

309.丢失的数据

从前，伊朗有个人叫哈桑，借给一个商人2000金币。然而不幸的是，由于一时疏忽，他不小心把借据弄丢了，他翻遍了家里所有的地方，还是找不到，急得他如热锅上的蚂蚁。无奈之下，他只得把他的好朋友纳斯列丁找来，一同商量对策。

"你借给他钱时有第三人在场吗？"纳斯列丁问。

哈桑回答说："没有。"

"借期多长？"

"一年。"

纳斯列丁陷入了沉思，突然，他眼睛一亮："有办法了。"

小朋友，你知道他想出了什么办法吗？

310.倒硫酸

一只不规则的透明玻璃瓶里盛了8升硫酸，而上面只刻着5升、10升两个刻度，现在，需要从中倒出5升，别的瓶子上都没有刻度，硫酸的腐蚀性又大，请你仔细想一想，有什么好办法能一次准确地倒出需要的量呢?

311.游泳时间

有一个年轻人要过一条河去办事，这条河没有桥也没有船。他便在上午游泳过河，仅用一个小时，他就游到了对岸。当天下午，他办完事后往回走，来到了河边，河水的宽度以及流速都没有变，他的游泳速度也没有变。可他竟然用了两个半小时才游到河对岸，你说这是为什么呢?

312.烟鬼

乔治的烟瘾很大，是个十足的烟鬼，他以每10分钟抽1根的速度，每天抽96根烟。他的女朋友安娜把他叫到身旁，劝说道："你不能再这样抽下去了，否则，你的身体会垮掉的。你要是一时无法戒掉的话，至少也应该把量减半，比如说只在早上抽或只在下午抽，这样就不会抽那么多烟了!"乔治想了想，回答道："就照你的意思。我把一天划分为两个时段，只在其中一个时段抽，但是我不改抽烟的速度就是了!"乔治果然言出必行，但是每天仍然抽了96根烟，一根也没有减少。请你仔细想一想，这到底是怎么回事呢?

313.找零钱

罗克带100美元去买一件85美元的东西，但老板却只找给了他5美元，这是怎么回事呢?

314. 调时间

小刚家有一只挂钟。有一天，挂钟停了，于是他到邻居家去看时间，邻居家的钟很准，他看好时间后就回家了。回到家里，没用多长时间，他就把钟拨准了。请问，小刚是怎样拨准时间的呢？

315. 名次

在一次大型的运动会上，一名运动员正在参加万米赛跑，到第五圈时，他终于超过了第二位的选手。你知道这名运动员现在处于第几位吗？

316. 活蚯蚓

老王带着家人准备去河边钓鱼，临行前抓了15条蚯蚓当鱼饵，后来分鱼饵时，把两条蚯蚓各切成两段。当时，老王还有几条活蚯蚓？

317. 谈体重

一天，小约翰和别人谈到了自己的体重："我最重的时候是50公斤，可是我最轻的时候却只有3公斤。"大家都不相信。那么，你相信约翰说的话吗？

318. 文彦博取球

文彦博是北宋时期的宰相，他小的时候爱踢皮球。一次，文彦博与小伙伴们在稻场上踢球，大家你争我夺，正踢得兴高采烈时，那只球不歪不斜地被踢进一棵古老的白果树树洞里了。大家喊了声"糟糕"，便一齐跑过去。洞里黑乎乎的，什么也看不见。一个小伙伴自告奋勇地将起衣袖，身子趴在洞口，将手臂伸到洞里摸，可就是够不到底，怎么办呢？

有一位小伙伴从稻场边拿来一根长长的竹竿，伸到洞里去摸索。可还是不行，那洞道弯弯曲曲，怎么也探不到虚实。还有个小伙伴干脆跑去向大人们求援。来了好几个大人，望着又深又黑的树洞，这个拿旱烟敲敲鞋帮子，那个摸摸脑袋……大人们也没有一个能想出好办法。

这时，在一旁沉思的文彦博忽然看见池塘里的鸭子，他欣喜地叫道："我想出了一个好办法……"

你知道文彦博想出了什么办法吗？

319. 煎饼的时间

用1只平底锅煎饼，每次只能放2个饼。煎熟1个饼需要2分钟（正反面各需要1分钟）。那么，煎3个饼至少需要几分钟？该如何煎呢？

320. 10万个风筝

小明对小刚说："我一次可以放10万个风筝。"开始，小刚根本不信，认为他在吹牛，可后来他却相信了。你认为有可能吗？

321. 喝酒

在一个生日宴会上，一个人在喝白酒，从下午5点一直喝到晚上7点，每一个小时喝完一瓶。那么这段时间内，这个人一共喝了多少瓶？

322. 水壶变空

有一个大水壶，装满了水，足有5斤重，一口只能喝半杯，你能在5秒内让水壶一下子变空吗？

323. 欢欢的策略

周末，欢欢来到平平家玩。做完作业后，她们玩起了一种叫"抢30"的游戏。游戏规则很简单：两个人轮流报数，第一个人从1开始，按顺序报数，她可以只报1，也可以报1、2。第二个人接着第一个人报的数再报下去，但最多也只能报两个数，却不能一个数都不报。例如，第一个人报的是1，第二个人可报2，也可报2、3；若第一个人报了1、2，则第二个人可报3，也可报3、4。接下来仍由第一个人接着报，如此轮流下去，谁先报到30谁就获胜。

欢欢很大度，每次都让平平先报，但每次都是欢欢胜。平平觉得其中有问题，于是坚持要欢欢先报，结果每次还是欢欢胜。小朋友，你知道欢欢用的是什么策略吗？

324.爬楼梯的司机

有一名司机住在一座大楼的17层。每天早上，他一定会乘电梯下楼，但每天晚上回来的时候，他只乘电梯到14楼，然后再爬楼梯上去，你知道这是为什么吗？

325.渔夫过河

一个年轻的渔夫要带着一条狗、一只鸡、一些米过河，可是船不够大，渔夫每次过河只能带一样。但是如果渔夫不在的话，狗会咬鸡，鸡会吃米。请问渔夫怎样做才能把这3样东西都安全带过河去？

326.测量高山

有一个人在为一座高山做测量，在他距离山顶还有100米时，绳子突然断了，他滑倒了。等他抓到东西爬起来时，却发现自己已经在山顶了。他并没有得到别人的帮助，而且也没有爬那100米。你知道这个人是怎样到达山顶的吗？

327.行驶的汽车

有两辆汽车以完全相同的速度分别行驶于紧邻的两条道路上（两条道路都是直线）。不久之后，虽然两车都未改变车速，但是B车突然开始超越A车，这种情况可能发生吗？

328.挨饿的老虎

动物园里有两只老虎，雄老虎每顿要吃30斤肉，雌老虎每顿要吃20斤肉，幼老虎每顿吃10斤肉。但饲养员每天只买回来20斤肉，如果是这样的话，那就意味着会有老虎挨饿，是这样吗？

329.小鸭子的数量

　　一群小鸭在一只母鸭的带领下来到了河边，在河滩上，母鸭将小鸭的数目点了一遍，是12只。它又数了一遍，却变成了10只，在这个过程中，没有别的人或者动物来把小鸭子带走，也没有小鸭跳到水中去游泳。请问这究竟是怎么回事呢？

330.赛马

　　在一个圆形的赛马场里，有3匹马从起跑线上同时出发。已知1号马每分钟跑2圈，2号马每分钟跑3圈，3号马每分钟跑4圈。请问，这3匹马起跑后，经过多长时间才能又一同排在起跑线上呢？

331.聪明的奶妈

　　从前，有个非常刻薄的财主，到了要发薪水的日子，他想要把仆人们的工钱都扣了，而让他们又没什么话好说。到了年终的时候，财主把所有的仆人召集在一起，对他们说："今天，我很高兴，你们在我这里工作了一年，辛苦大家了。为了表示我的谢意，谁要是说出一件我没听过的事情，我就赏给他二百两银子，否则，全年的工钱都没有了。"

　　一个小丫环开口了："我家以前有只鸡一天生了6个鸡蛋，有4个还是双黄的呢！"

　　"哈哈，我还见过一天生10个鸡蛋的母鸡呢！你的工钱没了。"财主说。

　　一个长工站出来说："我家后山上有一棵能结出8种不同果子的树，一年四季都在开花。"

　　"嗨，别说啦，长12种果子的树我都见过，你的工钱也没了。"财主挥着手说。

　　老财主一口一个"见到过，听说过"。大家的工钱都被扣了。只有奶妈一直没动，她知道财主这是"软刀子杀人"。因此，她想好了一句对付财主的话，并且最终赢得了二百两银子。

　　小朋友，你知道奶妈说了一句什么话吗？

332. 行驶的火车

一列从东驶来的火车穿过一个只有一条铁轨的隧道继续向西行驶，另一列火车则从相反的方向驶进同一隧道。这两列火车的行驶速度都非常快，但它们并没有在隧道中相撞，请问这是为什么呢？

333. 分辨雨伞

小丽、小红、小霞3人是最要好的朋友，上课如果碰到下雨天，她们就把雨伞放在教室的门口。她们都在伞上不明显的地方写了自己的名字，但是大致看上去很难分辨出来。请问如果其中只有两人能不看名字就拿对自己的伞，那么第三个人拿对伞的概率是多少呢？

334. 装蛋糕

高尔基小时候曾在一个食品店打过工。伙计们看到他嗜书如命的样子，都嘲笑他是个白痴。但是高尔基并不在意，因为他有自己的理想和追求。有一次，一个居心不良的顾客送来一张奇怪的订货单，上面写着："订做9块蛋糕，但要装在4个盒子里，而且每个盒子里至少要装3块蛋糕。"这可把伙计们难住了，可是那个顾客非得要按照订单上的装。大伙计只好跟老板说，老板也没有办法，只好让伙计先试着装。大伙计无论如何也无法达到订单上的要求，还挤坏了几块蛋糕。

"老板，让我来试试吧。"高尔基拿起那张订货单，认真读了一遍，鼓起勇气对老板说。

"你？不捣乱就不错了，还想逞能！"大伙计对高尔基嗤之以鼻。

高尔基坚定地说："这有什么难的，让我来装吧！"

小朋友，你知道高尔基是怎么装的蛋糕吗？

335. 剩下的蜡烛

桌子上有12支点燃的蜡烛，先被风吹灭了3根，没过多久，又一阵风吹灭了2根，最后，桌子上还剩几根蜡烛？

336.钥匙的安排

小明家新盖了一套房子，这套房子有3个房间，每间房门有2把钥匙。小明和爸爸、妈妈虽然都上班，但是由于工作不同，所以上下班的时间不一样，有先有后。那么，在每个房间仅有2把钥匙的情况下，如果不再另配新钥匙，这3个房间的钥匙应该怎样安排，才能使他们3人随时都能进入各个房间呢？

337.巧接铁链

张师傅是建材厂原料仓库的负责人。由于他对待工作认真负责，大家都非常信任他。有一天，生产中需要一段铁链，小李去仓库领料，张师傅从库房里拿出5截每截只有3个铁环的铁链，笑着对小李说："小伙子，今天我有一道题想考考你，这里有5截铁链，连起来的长度正好是你所需要的。你能不能在只切断3个铁环的情况下，将这5截铁链连接起来呢？"

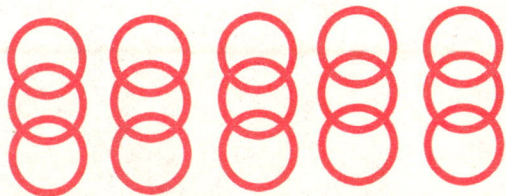

338.孔融分梨

孔融是东汉末年的文学家，从小聪明过人，而且还很有礼貌。

一天吃完午饭，外地的伯伯、叔叔、婶婶和6个堂兄妹来家做客，孔融逐个给伯伯、叔叔、婶婶和6个堂兄妹见过了礼。

这时，母亲叫丫环端上一盘梨，不一会儿，6只香甜可口的鸭梨便被端了上来，母亲又叫孔融把鸭梨分给6个堂兄妹吃。

孔融正要分梨，却被父亲止住了："等一等，你给堂兄妹分梨，每个人1个，而且盘子里还要留1个，你知道怎么分吗？"

孔融低着头陷入了沉思，忽然，他眼睛一亮，脸上露出了喜悦的神情，他拍着小脑瓜儿说："我知道该怎么分了。"

小朋友，你认为孔融该怎样分才能满足父亲的要求呢？

339.火车所在地

一列火车由武汉开往广州需要12个小时，那么行驶6个小时后，这列火车应该在哪里？

参考答案

298.零用钱

因为这3个人的关系是祖父、父亲和孩子。父亲把祖父给的2000元钱中的1000元给了孩子，所以总数还是2000元。

299.田忌赛马

孙膑让田忌以下马对齐威王的上马，再以上马对他的中马，最后以中马对他的下马。比赛结果是一败二胜，田忌赢了。

300.斤鸡斗米

段广清说，"你说你的鸡喂养3个月就有9斤重，要卖900文，现在你已经得到了赔偿。俗话说'斤鸡斗米'，鸡重一斤，喂米一斗。现在鸡已经死了，那省下的9斗米你就交出来吧！"

301.盖章

只要变换盖章的位置和角度，一个就够用了。

302.击中帽子

题目中并没有限制帽子应该挂在哪里，因此可以把帽子挂在枪口上，这样士兵就一定能击中那顶帽子了。

303.李四的猎物

李四没有打到猎物。

我们可以结合题目已知条件来进行分析，李四说："打了6只没头的，8只半个的，9只没尾巴的。"仔细想一想，6没有头，正好是0；8只半个，也是0；9没有尾巴还是0。所以，李四今天什么都没有打到。

304.月球上的鸟

很多人一看到这个题目，就认为月球重力小，因而鸟飞得快，所以用60÷6＝10（分），如果你给出了这个答案，那么你忽视了一个重要条件，那就是月球上没有氧气，鸟根本没法呼吸，自然也就不可能飞了，恐怕它刚展开翅膀就会死掉。

305.人体中的骨头

可能。

因为小明可能会不小心吃下了一块鱼骨头，但是还没有来得及消化。

306.提问

他没有办法问任何问题，因为他已经问了两个问题。

307.抓骨头

转过身来用后腿抓。

308.螃蟹比赛

黑螃蟹会赢，因为红的已经被煮熟了。

309.丢失的数据

哈桑可以给商人去封信，要求商人把从自己这里借去的2500金币尽快还给自己。这样商人就会给哈桑回信，说明他只借了哈桑2000金币。这样，哈桑手头就又有了新的证据了。

310.倒硫酸

将大小不同的玻璃珠往瓶里放，使液面升到10升刻度处，然后往外倒至5升刻度处。

311.游泳时间

两个半小时当然是一个小时了。

312.烟鬼

因为乔治把一天分为起床和睡眠两个时段，即使是烟瘾再大的烟鬼，睡觉时也是不会抽烟的。

313.找零钱

他给老板90美元。

314.调时间

小刚从家里出来时就将钟上好发条，为的是清楚离家时钟上的时间和回家时钟上的时间，这样他可以根据自己的钟确定离开家一共用了多长时间。他到邻居家里和离开时，都看了邻居家的钟。

因此，他能确定在邻居家待了多久，从小刚离开家的全部时间中减去在邻居家的时间，就是在路上往返所花费的时间。将这个时间的一半加上离开邻居家时钟上所指的时间，所得的和就是他应该在自己的钟上拨准的时间。

315.名次

如果你的答案是"第一位"，那么你就错了。

这名运动员超过的是原来位居第二的人，所以他取代的是第二名的位置，也就是说，他现在处于第二名的位置。

316.活蚯蚓

17条。

因为蚯蚓即使被切成了两段，它仍然是活着的。

317.谈体重

小约翰所说的话是真的。他最轻的时候

是他出生的时候。

318.文彦博取球

他让大家回家去拿桶和盆来装水，然后将水灌进树洞里。用不了多久，树洞就会被灌满，球也就会从洞口露出来。

319.煎饼的时间

煎3个饼至少需要3分钟。

因为，第一次煎2个饼，1分钟后2个饼都熟了一面。这个时候只要将第一个取出，第二个翻个面，再将第三个放入。又煎了1分钟，第二个煎好取出，第三个翻个面，再将第一个放入。再煎1分钟，全部煎熟。

320.10万个风筝

有可能。因为可以在一个风筝上写上"10万个"几个字。

321.喝酒

一个瓶子也没喝。

322.水壶变空

题目并没有限制怎么做，因此最好的做法就是把水泼掉。

323.欢欢的策略

欢欢的策略其实非常简单：

她总是报到3的倍数为止。如果平平先报，根据游戏规定，她或报1，或报1、2。如果平平报1，那么欢欢就报2、3；如果平平报1、2，欢欢就报3。接下来，平平从4开始报，而欢欢视平平的情况，总是报到6为止。

依此类推，欢欢总能使自己报到3的倍数为止。由于30是3的倍数，所以欢欢总能报到30。

324.爬楼梯的司机

这名司机的个子太矮了，在电梯中，最多只能按到14楼的那个按钮，所以后面的楼层他只能爬楼梯上去了。

325.渔夫过河

渔夫先把鸡带过河，然后回来把狗带过去，返回的时候把鸡带回来，放在出发地，然后把米带过去，最后再回来把鸡带过去，这样，就能把这3样东西安全带过河了。

326.测量高山

他是在为海底山脉做测量，是掉在海底山脉的山顶上了。

327.行驶的汽车

A车道有下坡路段，使距离变长。

328.挨饿的老虎

不会。
因为动物园里只有两只幼老虎。

329.小鸭子的数量

这只母鸭不识数。

330.赛马

1分钟后。
因为每分钟，这3匹马都可以跑整数圈后回到起跑线。

331.聪明的奶妈

奶妈说："小时候，我的祖父告诉我，说您的祖父曾向我祖父借过500两银子，让您来还，这您一定听说过吧？"

332.行驶的火车

因为这两列火车是在不同的时间通过隧道的。

333.分辨雨伞

百分之百。
如果两人拿了自己的伞，剩下的那个人当然就会拿到自己的伞了。

334.装蛋糕

他先将9块蛋糕分装在3个盒子里，每盒3块，然后再把这3个盒子一齐装在一个大盒子里，用包装带扎紧。

335.剩下的蜡烛

5根。因为其他没被风吹灭的蜡烛都燃烧完了。

336.钥匙的安排

3个人分别掌握甲、乙、丙房间的1把钥匙。再把剩下的房间甲的钥匙挂在房间乙内，把房间乙的钥匙挂在房间丙内，把房间丙的钥匙挂在房间甲内。这样，无论谁先到家，都能凭手中掌握的那把钥匙拿到进入其他房间的钥匙了。

337.巧接铁链

将一截的3个环都切开，就能把5截铁链链接起来。

338.孔融分梨

　　首先拿起盘中的5个梨子分别递给5个人，这样，有1个梨子留在了盘中，把剩下的1个梨子连同盘子一起递给第六个人。

339.火车所在地

　　火车应该在铁轨上。

第八部分　独特创意

340.献计过河

古时候，有一位年轻的国王率军攻打邻国。经过半天的急行军后，他们来到一条河边。由于河水较深且湍急，又没有桥梁与渡船，国王无可奈何地望河兴叹。正当国王无奈之际，手下的一名将军献了一条计策，使大部队在一无桥梁、二无渡船的情况下，顺利地渡过了河。

你知道这位将军献了一条什么妙计吗？

341.左右观望的狼

下图是一只正在向左看的狼。你能不能想出两种办法移动两根小木棍，使这只狼向右看呢？

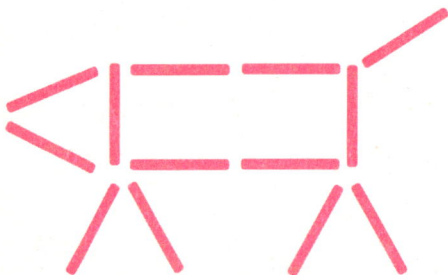

342.比慢

一场骑马比赛正在一个空旷的草地上进行，规则是哪匹马走得慢就是胜利者。于是，两匹马慢得几乎"停止不前"，这样下去的话，比赛不知道要进行到何时。骑手也对此感到非常焦虑。多亏来了个聪明人，他想出了一个办法，使这场比赛很快结束了。聪明人想的是什么办法？

343.雪地取火

在冰天雪地中，没有火柴、打火机等常用的取火用具，请问用什么办法可以取火？

344.分粥

有7个人住在一起，每天共同分享一大桶粥。

由于人多粥少，粥总是不够吃。一开始，他们抓阄决定由谁来分粥，每天轮一个。于是，一个星期下来，他们每个人只有在自己分粥的那一天可以吃饱。

后来，他们觉得这个办法并不太好，于是决定推选出一个道德高尚的人来分粥。但是，这样一来，问题就更严重了，大家开始想尽一切办法去讨好分粥的人，搞得整个团体乌烟瘴气。

再后来，大家开始组成3人的分粥委员会，和4人的评选委员会，但是他们经常争得不可开交，等到争完以后，粥吃到嘴里常常是凉的。

最后，他们想出了一个绝妙的办法。小朋友，你知道他们想的是什么办法吗？

345.杂技演员过桥

一座桥长100米，承重100.99斤，有一重101斤的杂技演员（包括鞋子重量，鞋子每只重1斤）想通过这座桥，他应该怎样做才能顺利过桥呢？

346.聪明的哈桑

从前，有一个贪婪的财主，对待自己的下人非常刻薄。一天，财主把年长的长工哈桑叫到身旁，说："今天，你带50只羊到集市去卖，到晚上，你把卖的钱和50只羊全部带回来，要不然，别怪我对你不客气。"哈桑赶着羊群上路了，边走边想，最后终于想出了办法，你知道他想到了什么好办法吗？

347.巧胜象棋高手

课间，小敏对班里的同学说："昨天，我跟两位象棋高手下棋。我面前摆着两副棋盘，同时跟这两位高手比赛。你们猜，结果怎么样？"

同学们都知道，小敏的象棋技术很一般，因此都说："肯定是你两盘都输了。"小敏笑了笑，说道："不对。第一回，两盘都是和棋。第二回，我输一盘，赢一盘。不管再下多少回，我也不会同时输两盘棋。"

小朋友，你知道小敏是怎么下的吗？

348.丈量河宽

在一次行军途中，拿破仑带领部队和一位工程师先到前面探路。他们来到了一条河边，河上没有桥，但部队又必须迅速通过。

拿破仑问工程师："告诉我，这条河有多宽？"

"对不起，阁下。"工程师回答道，"我的测量仪器都落在后面的部队里，他们离我们还有10千米远。"

"我要你马上量出来。"

"这做不到，阁下。"

"我命令你马上给我量出河宽，不然我将处罚你！"

工程师很快想了一个办法，轻松地量出了河宽。

你知道他用的是什么办法吗？

349.画观世音像

据说晚清时期，我国南方出现了一位名为竹禅法师的佛教大师。这位大师很有才华，不仅善于绘画花鸟，还精于绘制人物，尤其是佛教人物。

有一年，竹禅法师来到了北京，慈禧太后得知后，想试探一下竹禅的本领，于是让太监把他引进宫内，在竹禅进宫的当天，她让人把宫廷画师都叫到了面前。慈禧吩咐左右拿出一张5尺长的宣纸，让画师们画出一幅9尺高的观世音菩萨像。宫廷画师们都傻了眼，没有一个敢接旨。

竹禅法师笑了笑，缓缓地走上前去将纸接到手中，并让人取来了纸和墨。一切准备妥当后，法师提笔蘸墨，在纸上认真地作起画来，没过多久，5尺长的宣纸上就出现了一位9尺高的观世音菩萨。慈禧看后，心悦诚服，连声称道："画得好！"

请你猜猜看，竹禅法师是怎样把9尺高的观世音菩萨画在5尺长的宣纸上的。

350. 深谷遇险

鲁克和汉斯用软梯下到一个深谷，准备探寻谷底的洞穴。刚到达谷底没走多远，就从谷底涌出了大量的泉水，不一会儿，水位就到了腰部，并不断上涨。两人没想到会遇到这种情况，他们既不会游泳，也没带救生用具，只能马上攀软梯出谷。但他们所用软梯的负重是250公斤，攀下时是一个一个下来的，因为他们的体重都是140公斤左右。如果两人同时攀梯，就会把软梯踩断；若依次先后攀梯而上，时间上又不允许，因为水势很急。你能帮助他们想一个办法安全脱险吗？

351. 八哥和斑鸠

从前有位在外务工的农民，年前不能如期回家，便托朋友捎100块钱和一封信带给家里。这位朋友不怀好意，半路将信偷拆来看。见信笺上画了8只八哥和4只斑鸠，至于钱却一字未提。于是，他拿出50元钱给农民的妻子。可这位聪慧的妻子看信后，竟对他说："我丈夫明明说是带回100元钱的，你怎么只给我50元呀，还有50元哪儿去了？"那人一怔，脸一下子就红了，他赶紧将剩下的50元钱退给了她。

小朋友，你知道信笺上画了8只八哥和4只斑鸠代表了什么吗？

352. 抓野猪

在一段时间里，大兴安岭的一个村庄的人们经常受到几只野猪的骚扰。它们毁坏庄稼、袭击家畜，甚至对村民的安全构成了威胁，村里的人们就行动起来，想捕获那些野猪。但这些野猪很狡猾，当它们察觉出村民的行动时，便不露一点踪影。

村长就召集全村的人开会，商量捉拿野猪的办法。一个老人站起来表示，他愿意去捕获野猪。大家都露出怀疑的表情，心想："年轻人都无法办到，一个老头子能行吗？"老人看出了大家的意思，笑着说："只要提供给我几样东西，我就一定能够办到。"于是，村长按老人的要求，给他准备了他要的东西。

小朋友，你知道老人是用什么办法来捕获野猪吗？

353. 巧妙发牌

老李约3个朋友到家里玩扑克，开始是老李发牌。按照惯例，按逆时针顺序发牌，第一张发给老李的右手邻座，最后一张是老李的。

当老李正在发牌时，突然有事走开了一会儿，回来时忘了牌发到谁了。现在，不允许老李数任何一堆已发的和未发的牌，但仍需把每个人应该发到的牌准确无误地发到他们的手里。

请问老李该如何做到这一点?

354. 数字辨凶

古董店老板被人谋杀了，警察接到报警电话后很快赶到了现场，现场除了警察外，还有惊慌失措的油店老板以及他的伙计。另外，报案现场还有一串数字：550971051。现在，你知道凶手是谁了吗?

355. 珍珍的解释

一天，老师在检查家庭作业时，发现珍珍的作业本上写着这样一些奇怪的算式：

$8 + 17 = 1$，$6 + 8 = 2$，$4 + 11 = 3$，$9 + 7 = 4$，$7 + 10 = 5$，$5 + 7 = 12$。

老师非常生气，认为珍珍是敷衍了事。但在听完珍珍的解释后，老师又不得不改变初衷，承认这些答案都是对的。

你知道珍珍是怎么跟老师解释的吗?

356. 医院的最佳位置

在铁路沿线的同一侧住着80户居民，根据居民的要求，政府准备在这里建一所医院，使80户居民到医院的距离之和最小。你觉得医院应该建在哪里呢?

357. 击碎酒瓶

一天，3个盗贼闯进了一家小酒店。他们喝了几杯酒后，其中一个人指着桌子上的4个瓶子，说他用3枪就能打碎这4个瓶子。另一个人说他只需要2枪就能办到了。第三个人说他只需要1枪就能办到。请问，他们3个人各打算如何将酒瓶击碎？

358. 购团体票

电影院的门票每张5元钱，50人以上的团体票可享受8折优惠。可现在全班45人加上年轻的黄老师，总共才46人，享受不了8折优惠。请你仔细想一想，有没有一种省钱的办法呢？

359. 师父的考题

吉米是个心灵手巧的孩子，他在老木匠的门下学习3年，手艺已经非常纯熟了。

出师那天，老木匠想出个题来考考这个聪明的孩子。

他拿着一个长方形木窗框，对吉米说："这个窗框太大，我想让它小一半。但不允许裁减窗框，也不许把窗子遮半边。"

吉米低头沉思了一会儿，便想出了解答的办法。

你知道吉米是怎么解决这个难题的吗？

360. 长颈鹿

一天晚上，琪琪的爸爸神秘地对她说："我这儿有17根相同的小木棍，现在我用这些小木棍摆出一只长颈鹿（如图所示），现在要求你移动其中两根小木棍，增加一头小长颈鹿。如果你做到了，我周末就带你出去玩儿。"琪琪想了好久，还是不知道该怎么移。

小朋友，你能帮帮琪琪吗？

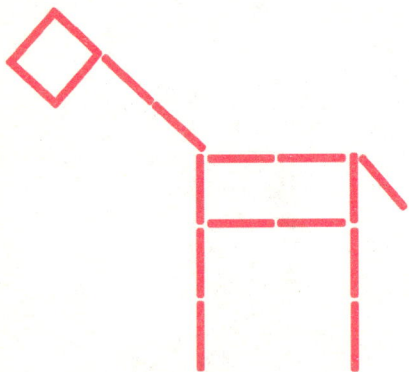

361. 智过大桥

大河上有一座桥，东西向横跨江面，人通过需要5分钟。桥中间有一个亭子，亭子里有一个看守者，他每隔3分钟出来一次，看到有人通过，就会把他叫住，让他回去。有一个从东向西过桥的农夫，想了一个巧妙的办法，终于通过了大桥。

请问这个农夫是怎样通过这座大桥的？

362. 火柴棍三角形

下图是6根等长的火柴棍构成的两个正三角形，请你移动其中3根火柴棍，围成和这两个三角形面积相等的4个等腰三角形。

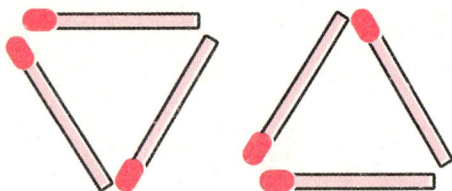

363. 称重

实验室里有1克、3克、9克3种不同重量的标准砝码。在进行称量时，要称的东西与已知的标准砝码可以任意地放在天平的两盘之一。另外，每种砝码都只有1只，而且不准复制。

请问，可以称出多少不同物品的重量？

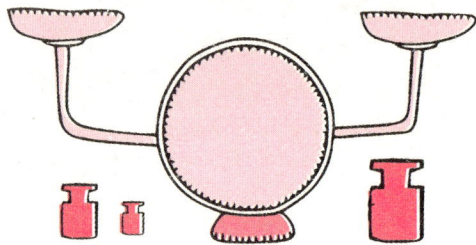

364. 大船称象

东汉末年，献帝无能，大权都落入了曹操手里。由于战绩显著，他从一开始的将军到丞相，后来又被封魏公，到最后被献帝封为魏王，并且加九锡，九千岁，权位仅在献帝一人之下。

东吴的孙权害怕有朝一日曹操率兵攻打东吴，以报火烧赤壁之仇，于是就臣服了曹操。

为讨好曹操，孙权送给曹操一头大象。由于这种动物只有在南方的热带地区才能见到，中原一带的人从来没有见过这样的庞然大物，所以这头大象让曹操感到非常稀奇。曹操很想知道这头大象究竟有多重，可是当时没有称这样重量的大秤，怎么办呢？曹操召集文武百官共同商议，人人绞尽脑汁也想不出任何办法。

这时，曹操6岁的小儿子曹冲从人群中钻出来，对曹操说："父王要称这头大象，这有什么难的？"于是说出了自己的方法。曹操听罢，喜出望外，连忙命人照着儿子说的办法做。

你知道曹冲用的是什么办法吗？

365. 圈土地

从前，欧洲某个小国被另一个国家攻占了。侵略者杀死了国王、王后以及王子，只有小公主玛丽逃了出来。她带着一些随从，经过长途跋涉，逃到了美洲的一个部落。

玛丽公主带了一些金币登上海岸，拜访了酋长，满怀伤感地说道："我们的祖国被敌人攻占了，现在已经无家可归，请允许我们在您神圣的领土上买一块土地生活吧。"

酋长见玛丽公主只有几枚金币，便轻蔑地说："你带的金币太少了。不过，我看你们挺可怜的，所以答应卖给你们土地，但你只能买下用一张牛皮所圈出的土地。"大家听了都很沮丧，可是玛丽公主却说："大家不必丧气，我有办法用牛皮圈出一块面积很大的土地。"

你知道她是怎么办到的吗？

366.如何出线

在一次欧洲篮球锦标赛上，保加利亚队与捷克斯洛伐克队相遇。当比赛只剩下 8秒钟时，保加利亚队以2分优势领先，而且保加利亚队握有球权，可以说是稳操胜券。

但是，那次锦标赛采用的是循环制，保加利亚队必须赢球超过5分才能晋级下一轮。可要用仅剩下的8秒钟再赢3分，可能性是很小的。

我们的一般想法就是，保加利亚队只好碰运气一拼了。可是没有想到的是该队的主教练突然请求暂停。

许多人对此举付之一笑，认为保加利亚队大势已去，被淘汰是不可避免的了，教练即使有回天之力，也很难在短短的8秒钟内力挽狂澜。暂停结束后，比赛继续进行。 队员们按照教练的指示去做，结果赢了6分，如愿以偿地出线了。

请问保加利亚队队员是怎么做的？

参考答案

340.献计过河

这位将军的计策是：让人在队伍的后面挖一条很深的弧形沟渠，使其两端与河水沟通。这样，湍急的河水分两股而流，原来河道的河水就变浅且流速缓，军队就可以涉水过河了。如下图所示：

341.左右观望的狼

第一种办法：让狼回过头去。

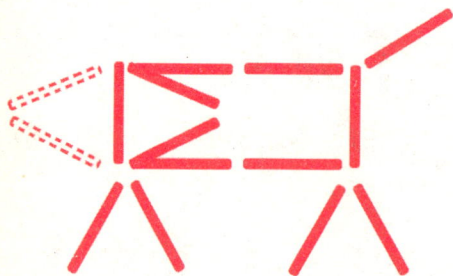

第二种办法：让狼转过身，尾巴下垂。

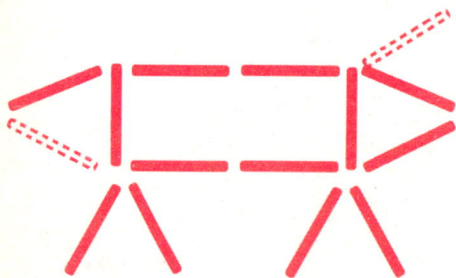

342.比慢

聪明人让两个骑手把各自的马相互对调一下，这样，两个骑手都想使自己骑的马（对方的马）跑得快点。用"调换一个角

度"的办法，把"比慢"变成了"比快"，所以比赛很快就结束了。

343.雪地取火

用冰做透镜，使太阳光通过透镜聚焦引火。

344.分粥

7个人轮流分粥，但分粥的人要等其他人都挑完后，拿剩下的最后一碗。结果，为了让自己不至于吃得最少，每个人都尽量分得平均，就算分得不平均后拿到少的，也只能认了。

345.杂技演员过桥

杂技演员可以将鞋子脱掉，把鞋子轮番向上抛，手中只保留一只鞋子。

346.聪明的哈桑

哈桑将羊群赶到集市，把羊身上的毛剪下来卖掉，再把羊一只不少地赶了回来。

347.巧胜象棋高手

小敏跟高手甲下的那副棋，让高手甲先走；另一盘棋让高手乙后走。然后，小敏看看高手甲怎么走，就照搬过来对高手乙，再看高手乙走哪一步，又搬回来对高手甲。这样，表面上是小敏同时下两盘棋，实际上是高手甲和高手乙对下。高手甲和高手乙不可能同时赢，小敏就不会两盘都输。

348.丈量河宽

工程师脱下钢盔，让帽檐和他的眼睛还有河对岸的一点刚好在一条直线上。然后，他小心地保持身体的直立，不断地向后退，等到眼睛、帽檐和这边河岩的相

应一点刚好在一条直线上时，他就停了下来。他把自己所处的位置标好，接着，用脚量出前后两点的距离，这段距离就是河流的大概宽度。

349.画观世音像

竹禅法师画的观世音菩萨正弯腰在拾净水瓶中的柳枝，菩萨弯腰时5尺，站起来就变成了9尺。

350.深谷遇险

可以借助水的浮力脱险：一个人先攀上软梯，另一个人待水齐到颈部时开始攀升。攀升速度与水涨的速度相等，使水的高度始终在人的颈部，借助水的浮力，软梯就可以负担两个人的重量了。

351.八哥和斑鸠

信笺上画了8只八哥和4只斑鸠是有目的的，8只八哥，即八八六十四，4只斑鸠，即四九三十六，合起来正好是100元。

352.抓野猪

第二天，老人出发了。他来到森林里，首先找到了野猪经常出没的地方，然后就在一片空地中央撒些玉米面饼，那些野猪闻到饼的香味，经不住诱惑，慢慢地向玉米饼靠近，之后就大吃起来。第二天，老人又增加一些饼，并在不远的地方竖起了一块木板，开始野猪看到木板，有些疑虑，不敢走近，但是，一段时间以后，它们禁不住饼的诱惑，又走过来吃了。就这样，老人每天在玉米饼的周围多增加一些木板，野猪总是犹豫一阵后，又过来吃那些香甜的玉米饼。时间一天天地过去了，木板越竖越多，渐渐地便形成了一个围栏。

野猪对木板似乎已经习以为常，依然进去吃香甜的玉米饼，可想而知，最后它们都被关进了围栏。这样，老人叫来村里的人，很容易地就把野猪捕获了。

353.巧妙发牌

情况一，假设有52张牌，4个人刚好每人牌的张数相等。忘记发牌总共有4种情况：①刚好轮到右手，这个不用考虑，不影响最终结果。②该老李的对面，显然，老李右手边的人多了1张牌，从老李开始，顺时针正好可以用余数补齐。③该老李的左手边，意味着老李和左手边的人都少了1张牌，从老李开始顺时针，一样可以补齐。④刚好轮到老李了，这样顺时针逆时针都不影响。故应该从老李开始，顺时针发牌。

情况二：假设有54张牌，则老李右手边的和对面的都需要多1张牌。情况分析同上，只是为了保证这两个人多1张牌，必须从老李对面开始，顺时针发牌。

354.数字辨凶

油店老板是凶手。把数字倒过来当成英文看，很快就能知道真相：is oil boss（是油店老板）。

355.珍珍的解释

珍珍解释说，她这个等式适合钟表，即：

8点钟＋17个小时是1点钟，
6点钟＋8个小时是2点钟，
4点钟＋11个小时是3点钟，
9点钟＋7个小时是4点钟，
7点钟＋10个小时是5点钟，
5点钟＋7个小时是12点钟。

所以珍珍的算法没错，老师也不得不承

认她的答案是对的。

356.医院的最佳位置

因为这些用户沿着铁路排列，可以看成是一条直线，那么医院应该建在与最中间用户垂直的最近一点上。

357.击碎酒瓶

前面的两个人是按照下图的方案打碎瓶子的。而第三个人想一枪打4个瓶子，是无法实现的，因此必须另想办法。他想的办法是一枪打断桌腿，让酒瓶落到地上摔碎。

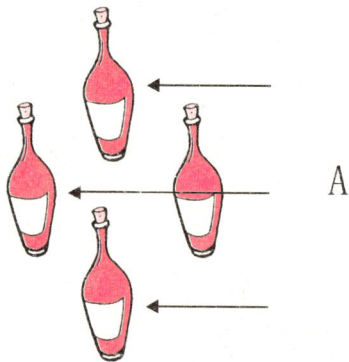

A

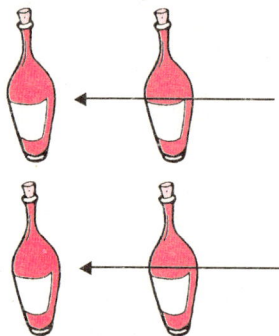

B

358.购团体票

直接买50张票，这样就可以省下30元。

计算如下：

46张票需要46 × 5 = 230元，

50张票需要50 × 5 × 0.8 = 200元，

230 - 200 = 30元。

359.师父的考题

将长方形改成一个平行四边形。这样，面积只有一半，四边长度却没有变。

360.长颈鹿

移动长颈鹿肚子上的两根小木棍，使其腹部向外隆起，这样它的肚子里便会有一头小长颈鹿了。

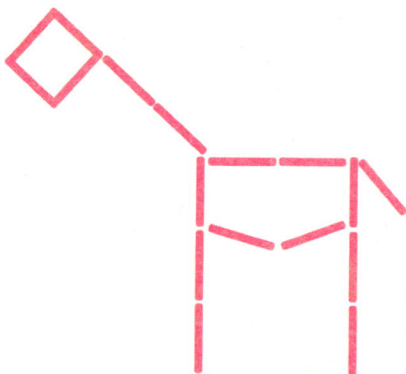

361.智过大桥

农夫从东往西过桥，走了两分半钟即转过脸来往东走，当看守者出来见到他时，就命令他往回走，这样就可以掉转头来向西走，顺利通过大桥。

362.火柴棍三角形

如下图所示。

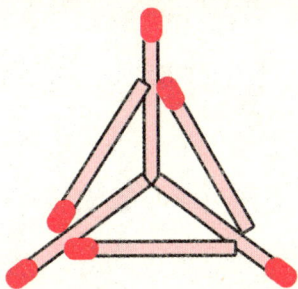

363.称重

1克到13克的东西都可以称，且东西的重量为整数。

先判断出可以称1、3、9克。然后判断出任意2个或3个相加，可以称4、10、12、13克。再看别的，假设东西为a克。若a = 2时，则a和1克砝码放一起，右边放3克砝码。若a = 5时，则a和1、3克砝码放一起，右边放9克砝码。若a = 6时，则a和3克砝码放一起，右边放9克砝码。……同理，可以推出a可以为7、8、11。所以可以用这3个砝码称出重量为1克到13克的东西。

364.大船称象

先把大象牵到木船上，水淹到哪里就在船帮上刻个标记，然后把象牵走，抬石头到船上，压到刚才的标记，再把石头一块一块地过秤，就可以算出大象的重量了。

365.圈土地

玛丽公主向酋长要来一张野牛皮，用小刀将它割成细细的牛皮条，然后把这些牛皮条一个个连接起来。接着，在平直的海岸上选好一个点作圆心，以海岸线作直径，在陆地上用牛皮绳圈起了一个半圆来。

366.如何出线

保加利亚队拿球的队员运球向自家篮下跑去，并迅速起跳投篮，球应声入网。这样双方就打成了平局，需要进行加时赛，保加利亚队利用加时赛的机会，为自己创造了一次反败为胜的机会。